新大学教育之大学生素质养成

第一分册

融入励志发展

丛书主编　崔伟奇　付国柱

中国质检出版社
北　京

图书在版编目（CIP）数据

新大学教育之大学生素质养成．第1分册，融入励志发展/崔雷，王媛，刘佳旭编著；崔伟奇，付国柱主编．—北京：中国质检出版社，2011.8（2017.8重印）

ISBN 978-　-5026-3474-2

Ⅰ．①新…　Ⅱ．①崔…　②王…　③刘…　④崔…⑤付…　Ⅲ．①大学生—素质教育—教材　Ⅳ．①G718.5

中国版本图书馆CIP数据核字（2011）第159959号

内　容　提　要

本书主要介绍了从学生到社会人应当具备的基本素质，社会人优秀素质的培养，中学学习和大学学习的比较，怎样融入大学生活，以及大学生活和励志。本书引用经典案例，指导大学生融入大学生活，励志发展。

本书可作为高校通识和素质教育教材，也可作为大学生课外励志读物。

中国质检出版社出版发行

北京市朝阳区和平里西街甲2号（100013）

北京市西城区复外三里河北街16号（100045）

网址：www. spc. net. cn

电话：（010）64275360　68523946

中国标准出版社秦皇岛印刷厂印刷

各地新华书店经销

*

开本880×1230　1/32　印张8.875　字数198千字

2011年9月第一版　2017年8月第五次印刷

*

定价：**70.00**元

丛书主编　崔伟奇　付国柱

丛书策划　付国柱　刘新生

本册编著　崔　雷　王　媛　刘佳旭

重视素质教育
顺应国民需求

辛卯年教师节 任玉岭

任玉岭，全国政协第十届常委，著名经济学家，国务院参事。

序

一直以来，我庆幸自己目睹和经历了中国改革开放、人才辈出、耀世辉煌的这一伟大时代。30余年的改革发展，中国一跃成为世界第二大经济体，综合国力得到空前提高，人民生活水平有了极大改善，科技、文化、教育各项社会事业都有了巨大进步，十三亿中国人民可以自豪地说，当今中国是近代以来发展最好的历史时期。

但是，看好中国诸方面进步发展的同时，我们又不得不承认，中国的发展更多的还是量的增长，质的提升却显得相对不足，尤其是全社会人的综合素质有待提高。可以说，全面提高国民综合素质已成为全中国社会之共识。

提高国民素质，从全面和战略的意义上说就必须加大教育的投入，改革教育体制，尤其急需改革长期以来通行的应试教育，大力实施适应时代要求的全面素质教育。于是，近年来在我国教育界，从中小学到大学都开展了轰轰烈烈的素质教育改革试验。但经过一段时间的实践，不管是中小学，还是大学，素质教育的成效却并不像人们所预想的那样明显。在实施素质教育过程中，偏颇地把个人才艺学习当作素质教育的全部内容，或简单地用红色教育、政治教育代替综合素质培养的现象却十分普遍，即使对全面的素质教育有正确科学的认识，也大多缺乏有效的方法体系和实施途径，难有突出成效。人们普遍觉得社会道德水准下降，腐败、暴力、造假事件屡屡发生，青少年群体亦难避其害：云南大学马家爵案，清华学子硫酸泼熊案，北大数起学生跳楼案，中国政法大学教室弑师案……怎样科学认识素质教育，如何有效实施素质教育遭遇了空前挑战！

20世纪有一位科学奇才，在他四五岁时，他的叔叔送给他两件“宝贝”：一只指南针和一套科普读物。拿着那只指南针，他展开了自己想象的翅膀，他想自然界一定被一股人们看不见的力量所控制着，而为了找到这股力量，他如饥似渴地阅读那套科普读物。从此，一粒热爱科学的种子埋在他幼小的心田，慢慢生根发芽，直到长大成材。有一次，一位记者采访他：您成功的秘诀是什么？他拿起笔，略有所思地写下了一道方程：$A=x+y+z$，接着解释道：A表示成功，x表示勤奋，y表示良好的方法，z表示少说空话。

这位科学奇才就是大名鼎鼎的科学巨匠阿尔贝特·爱因斯坦。尽管他离我们当今时代有些久远，但他的故事至少说明这样两个道理：一、人的科学素质不是天生的，而是后天养成的；二、人的成才不是杂乱无章的，而是有规律可循的。

那么，素质养成的学问，人才成功的规律在哪里呢？

常言说得好：“做事先做人”，其含义是说人在做事之前，必须有一个价值取向，也就是说人不可能是为做事而做事，而必定是为一定的目的和意义去做事。

要做好事情必须有良好的技能素养，要做好人必须有优秀的人文素养，只有技能素养与人文素养的有机结合，才能产生综合素质优秀的、全面的、成功的人才。然而长期以来，社会对人文科学相当不重视，“重理轻文”现象十分普遍，造成这一现象的主要原因：一是科学技术的实用性、功利性相当突出，使得“学好数理化，走遍天下都不怕”的观念有了生存现实的支撑；二是人文科学长期以来的极端泛政治化和泛意识形态化，又让人们认为它不是真本事，没多少实用价值。其实，人文科学虽然少有直接的功利性，但其思想的深刻性和普遍指导作用却是无可争议的。人文科学最主要的功用就是教化，它总要设立一种理想的人格目标，引导人们去思考人生的目的、意义和价值，去追求人的完美化。爱因斯坦是大科学家，但他喜欢音乐、文学、哲学，他认为自己的小提琴造诣比自己的理论物理水平更高。建筑大师贝聿铭也说：“我经常读老子，我相信他的著作对我建筑想法的影响可能远胜于其他事物。”

亲爱的大学生朋友们，已故伟大领袖毛泽东主席说：“世界是你们的，也是我们的，但归根结底是你们的……”。你们欣逢盛世，当自强有为，但只有那些热爱生活、品行优秀、素质全面的人，才能成就自己的人生。在你们大学生活短暂而最重要的历史时期，我以一个父辈的责任及对你们成材成功的热切期待，送一段人生格言与你们共勉：

我们无权轻漫人生只有一次的蓬勃生命；我们无法儿戏改革开放、人才辈出的这一伟大时代；我们无需在尚不如意的人生际遇中沉湎彷徨。调整纷繁的意念，迈出坚实的脚步，以一种幡然开朗的清醒，以一种必挑重担的责任，追求卓越，自律自强！

握手为友，相勉励志，是以拙文为序！

编　者

2011年7月3日

目
录
Contents

目录

目 录

目录

导语

当同学们手捧录取通知书，怀揣梦想，带着亲戚朋友的美好祝愿步入大学校园的那一刻起，大家就成为了一名骄傲的大学生。但是，现在大学生越来越多，就业难的问题越来越突出，身为大学生的你，是否有时会对未来的生活有过一丝忧虑?

大学期间，应当为四年之后的人生路做好铺垫，要为生活涂上一抹浓重的色彩。可是，由于当代大学教育的普及，仅仅顺利毕业已远远不能满足社会的需要。所以，要想培养自己的综合素质，只能从现在开始，从多方面完善自己。

第一节　从学生到社会人应当具备的基本素质

从幼儿园开始到步入大学，历经十几年。总体上说，一个人在成年之前，生命绝大部分的时间都花在了学校里面，但是，学校却不是大学生最终的归宿。对于大部分同学来说，最终的目的是要走向社会，所有的学习生活都是为了步入社会做准备。因此，早一点将眼光放长远，看看社会对大学生的需求，有意识地培养自己的能力，有助于取得成功。

在大学校园中，有一部分学生认识不到社会需求的素质才是大学中应该锻炼的能力，虽然也做了大量的努力，但是最终回报甚微。

小张是某重点大学制药工程大一的学生，学习成绩非常优秀。他来自一个偏远的小城镇，大学学费是父母用血汗钱拼凑起来的，他认为只有自己努力学习取得优异的成绩才可以对得起父母，于是他把几乎所有的时间都用在了学习上面，没有参加任何社团活动，也没有自己的娱乐时间。大学四年，每次考试他都是专业的第一名。到了大四毕业找工作的时候，按照正常的情况，用人单位本应优先录取学习成绩好的学生，但是小张却屡屡受挫。面试科研类的岗位，小张缺乏团队合作意识，因为长期的独来独往生活使得小张性格偏执孤僻；面试药物销售类岗位，小张语言表达能力较差，与人沟通能力有所欠缺；而面试行政文秘类岗位，小张的写作能力又满足不了单位的需求。拿着一张高的让人羡慕不已的成绩单，小张却找不到可以养活自

己的工作。

大学的学习生活，不仅仅是要学习成绩好，重要的是要有适应社会的能力。不是小张不努力，也并非他不优秀，只是他没有均衡地发展自己的能力，如果他能早点了解社会的需求，注意锻炼自己的综合素质，或许他会非常成功。

社会需求的素质，不是一两天就能锻炼出来的，同学们要从大学开始就有意识地挖掘自己的潜力，给自己提供锻炼自己的机会。现在的社会人应当具备的素质是多种多样的。

下面这些能力是非常典型的社会人应当具备的基本素质。你具备了多少呢?

一、实践能力

通俗来讲，实践能力就是将课堂上学到的理论应用于解决生活中出现的问题的能力。从当前来看，用人单位普遍认为高校毕业生这方面的能力不足，表现为实践能力与实际要求有较大的差距。大学生要通过多种形式，锻炼自己的实践能力。

小李是一名行政管理专业大一的学生，由于高考录取是被调剂的，所以刚进入大学的时候不太喜欢这个专业。一学期以后，经过多次跟任课老师讨论学习，小李知道行政管理专业重在实践，同时还要有良好的与人沟通能力和写作能力。于是，从寒假开始小李每个假期都到单位实习，还将自己在实习过程中遇到的问题记录下来，在课堂和书本中寻求帮助。在大三的时候小李就因为出色的表现被一家知名外企录取，而同宿舍的其他几个缺少实习经历的同学，都在找工作的过程中都遇到了很多的困难。

二、组织管理能力

尽管不是每个大学生毕业后都会从事管理工作，但是每个人在将来的工作中都程度不同地需要组织管理才能，工作的时间越长，对管理能力的需求就会越大。

许多大学生不具备这方面的能力，在实际工作中只能充当被动型角色，很难担当领导职务，有的甚至连个小小的班组长都胜任不了。一位化工行业的领导在谈到新来的大学生时说，尽管很多大学生在思想、专业技术方面比较过硬，但因为他们缺乏管理能力，不能满足单位要求，令他十分失望。他还说到，目前他所在的单位最缺乏的是在化工专业管理能力比较强的学生。可是现在社会就是缺少此类人才，要么是技术好缺乏管理能力，要么是管理能力尚可但是缺少专业技能。

从这位领导的谈话，大家可以发现，大学生该学什么已经不再仅仅取决于我们想学什么了，最主要的取决于社会需要什么。

三、人际交往能力

人际交往能力实际上就是与他人相处的能力。现代社会对大学生的人际交往能力要求很高，生活在社会当中，就要学会如何与人

沟通。

曾经就有一个女孩人际交往能力很差，任性偏执，做事情以自我为中心，老跟舍友闹矛盾，身边没有任何朋友，后来竟越发的敏感多疑，结果不得不被家长带回家看心理医生。

人际交往能力强的人，总是能很轻松的应对和不同身份的人之间的关系，而人际交往能力差的人就像那个女孩一样每天总是需要花一些时间在那些根本无所谓的事情上。

四、社会适应能力

现实生活常常不尽人意，五彩缤纷的世界难免使刚刚步入社会的大学生眼花缭乱，很不适应。大学生长时间都是生活在自己的小圈子里，身边接触的人都是熟人朋友，突然有一天不得不面对全新的生活的时候，总是有些不安和不满。有一位同学，由于父母的工作需要经常出差，他频繁地转学。没想到，这竟培养了他超强的适应能力。每到一个新的环境中，他总是能在很短的时间内了解当地的生活习惯，跟班级同学打成一片。到了大学以后，他如鱼得水，做任何事情都没有什么顾虑，总能处理得非常好，大学毕业的时候，他如愿以偿的找到了满意的工作。后来，由于工作需要，他经常奔波于各个国家的分公司，工作能力得到领导和同事的赏识。

五、学习能力

有人说，学生最会学习，从小到大学习了这么多年，还需要锻炼自己的学习能力吗？答案是肯定的。因为，学习时间长并不代表学习能力强，也不代表有良好的学习习惯和学习技巧。学校里学到的所谓学习能力，通俗来讲，就是凭借自己的努力，掌握所欠缺的技能的能力。真正在大学学到的东西是有限的，当有限的知识用于指导实践的时候总是会出现各种各样的问题，这个时候如果我们有良好的学习能力，就能在一定时期内解决这些问题。

例如，有人拿着电脑的说明书问你“什么是酷睿双核”？这个问题对于学计算机的学生来说，可能不是问题，但是如果恰巧不知道该怎么办？很多同学就会通过网络弄明白这是什么意思，想想看，人们懂的东西不一定很多，因为总会有不懂的，但是自己具备了运用电脑解决问题的学习能力却会受用良久。

其实，社会对大学生的素质的需求不胜枚举，远不是学校里的知识就足够，学习的时候还要考虑到社会的需求，有意识的培养自己的综合素质才行，否则在大学毕业的时候就有可能被社会淘汰了。

第二节　社会人优秀素质的培养，大学初期是关键

大学生在刚刚步入大学的时候对大学生活总会有一个最初的印象，这个印象在很大程度上决定了我们大学学习生活的状态。到了大学，大家开始自由地支配自己的时间和生活，比如有机会接触各种各样的社团，有机会自由选择锻炼自己的平台，同时也有机会逃课、上网……在刚开始接触这些事物时候，如果可以科学的认识和利用，大学四年就会学到更多的东西。

在大一的时候，老师们一般会告诉学生，第一次期末考试的成绩会对大学的学习成绩有很大的影响。事实证明，在大学的四年之中，头几次考好的学生成为“好学生”的几率很大，而在前两次考试

中就挂科的同学，在以后的考试中也难有起色。

一项针对毕业生的调查表明，在大学初期能认识到大学的重要性，并且努力学习的学生，大学四年一般都能保持优异的学习成绩，虽然期间偶尔也会有些小小的波动，但整体保持着平稳的状态。这部分学生不仅学习成绩优异，而且在平时的学生工作中也表现得非常优秀，他们会主动地给自己创造各种机会参与公共事务，比如参加学生干部竞选、主动承担某些活动的策划组织、挑战自己其他方面的能力等，在这些日常的工作中，他们积累了很多优秀的品质。大学初期是可塑性最高的时候，同时也面临各种各样的诱惑和挑战，一部分同学能够清楚地知道自己努力的方向，接受挑战，拒绝各种诱惑；而另一部分同学，却会飘飘然，觉得大学四年时间还长，可以趁现在大好的时间享受生活，放松对自己的要求。习惯成自然，大学初期这种松懈懒散的习惯一旦养成，就很难再改正。

来自上海的小白同学，以优异的成绩考入了某全国重点大学，到了大学以后，学习课业压力不再像以前那么重，也没有父母在身边管束自己，于是放松了对自己的要求。他觉得以前那么多年学习考大学太辛苦了，到了大学就应该好好享受一番，于是开始频繁地上网吧玩游戏，开学两个月他就在学校交了一个女朋友，每天看电影、逛街、谈恋爱，生活逍遥自在。他觉得大学生活或许就是这样。

看到同学们努力地学习，他安慰自己说，不逃课的学生不是大学生，只要考前好好复习就可以拿到好成绩的。大一结束考试的时候，他的成绩由入学时的专业第五下降到专业的后十名，有三科成绩挂科。老师、家长开始找他谈话，他自己似乎也认识到了自己的错误，在大二的时候下决心要好好学习。但是一年的懒散让他难以一下子改正这些缺点，同时由于自己学习基础比较薄弱，上课非常的吃力，在别人都进入了下一阶段的学习时，他还在弥补大一一年所浪费掉的时间——重修、找同学补习以前的知识。经过一年的努力，他勉强没有挂科。

以后的时间里，他总是比班级中优秀的学生慢半拍。大学初期别的学生打基础扎实学习的时间他用来谈恋爱、上网吧，结果，到了大二，别人开始锻炼自己各方面能力的时候，他却在试着改变大一养成的坏习惯、弥补落下的课程；大三时，别人到单位实习锻炼实践能力，他刚开始在班级中担任学生干部；而到了大四，优秀的同学已经找到了工作，而他却发现自己的实习经历远远不够。

大一的堕落仿佛在他和同学之间产生了一年的时差，让他永远比同学慢。毕业时他想考公务员，但是由于大一的成绩不佳，又没有入党，事情被一再耽搁。众所周知，公务员很多岗位有限制，而去企业找工作又由于自己没有实习经历而屡屡受挫。

事实表明，许多优秀的素质就是在大学初期养成的，想想正拥有着黄金时光的我们，是不是应当趁现在年轻仔细思考自己未来的路，做出最聪明的选择呢?

第一章

同为学习，风格迥异
——中学学习与大学学习的比较

学习观念通俗来讲，是人们在长期的学习过程中形成的对学业的总体的、综合的认识。学习观念一方面从客观上反映了学习的情况，同时又加上了学生个人主观的色彩。在上学的过程中，学习观念会随着时间的推移发生变化，而这种认识的差异直接影响了学习的实际行动。虽然大家已经步入了大学，但是对大学的认识不一定科学，还需客观的分析。

第一节　大学可不是你想的那样——对大学学习的几个误区

大学的学习就像一个舞台，拥有不同性格的学生在这个舞台上尽情地发挥着自己的能力。有些同学充当着舞台的主角，拥有最绚烂的灯光、最精彩的掌声，有些同学只不过在舞台上跑跑龙套，大多数时间里，只能默默地观赏别人的精彩。在大学落幕的时候，很多人发现，自己的这场表演并不好，如果能重新走一遍，就算当不上主角至少也可以留下充实的回忆，但是，时机已过，只有遗憾。

错误的大学学习观念，会使大学生活过早地进入“龙套时间”，四年以后毕业，很多人突然发现自己没有学到什么东西，悔不当初。

误区之一：大学的学习成绩不再重要，从此可以无忧无虑

很多学生在高考之前听到家长或者老师说，“到了大学没人再看你的学习成绩，也不会有老师再管着你”，或者，“大学是人生最美好的几年，要尽情地享受”等。在这种预设下，这些同学到了大学，紧绷的学习神经就放松了下来。他们觉得，既然大学的学习成绩不再重

要，那么就可以用一种懒散和娱乐的态度来对待大学。这种想法完全错了，很多学生因此而堕落。

大学的校园里诱惑很多，生活丰富，爱好文艺的、爱好体育的、爱好摄影的、爱好旅游的，都能找到自己的归属，但是，如果没有正确的认识大学学习的重要性，一味的把时间花费在自己的兴趣爱好上，这些兴趣爱好反而会扼杀大家的前途。

笔者曾有一个同学，她特别喜欢唱歌，几乎参加了学校组织的所有的晚会，听歌、唱歌是她的生活最主要的部分，甚至占用了上课和晚上休息的时间。她说，“只要一站在舞台上，就会特别兴奋，就会忘记一切。”老师、朋友劝她好好学习，她固执地认为自己在大学把歌唱好了比学好专业课程重要。一年以后，她因为学习成绩太差，只能降级重新学习大一的课程。

在大学，培养个人兴趣，懂得生活很重要，但是并不代表学习不再重要。很多的学生因为谈恋爱、玩网络游戏浪费了太多的学习时间，自己却一直沉浸在“享受生活”当中，等到走出校园需要独自面对生活的时候，才发现原来自己的跟别人的差距这么大，但为时已晚。

其实，到了大学，不是学习不再重要了，而是在大学校园里，看起来需要掌握的东西更多了。加上大学里讲究人性化、民主化、个性多元化，同学们有一个错觉，好像以学习成绩为核心评价标准淡化了。其实，这只是其他的能力要求（如独立生活、人际交往、组织协调以及各种才艺素质等）日益重要的结果，学习确实“显得”不那么重要了，但学习从没有退出历史舞台。相反，它更加关键。

大学，是一个人成为一个“社会人”的重要一步，当然，单纯的只重视学习固然最终会被社会淘汰，但学习仍是主业。

有一位同学，高中的时候学习成绩非常好，考入大学以后还成功竞选为班级的学习委员，可是由于他的女朋友是高中同学，在外地读书，为了能多陪她，他开始频繁地逃课，后来也辞掉了学习委员的职务。当时，很多人劝他好好学习，他却不在意地说，“大学的课程非常简单，只要考试之前简单背背就能过，成绩高低无所谓的。”不知道他说这些话是托辞还是发自真心，但成绩真的无所谓吗？从很久以前直到现在，大学里总会有一批人热捧“六十分万岁”，但是，如果真到用人单位了解一下，大家就会发现，同等条件下学习成绩成绩优秀的会被优先录取，有些单位甚至要求应聘人员的学习成绩要在专业的前百分之多少才有资格应聘。

误区之二：大学四年，时间还长着呢，先放松放松再学习

大学四年，看似漫长，其实很短。大家都有这样一种感受，即越长大越觉得时间过得快，小时候盼望着过年，觉得一年的时间好长好长，可是一晃，竟到大学来了。

大学四年，其实过得极快，我们没有太多时间去享受。对于很多同学来讲，四年的时间之中能好好学习的时间也就是两年半的时间，大一的头半年我们在适应学校的生活环境，结识新的朋友；而最后一年，大家又面临找工作的问题。可是，余下的这两年半里，又要有多少时间来参加学生活动、休息，或是看电影、聊天、谈恋爱呢？

如果有那哪位同学想好好地在大学放松，我只能说这是种错误的观点，请抓紧时间调整自己的状态，让自己尽快的走进大学的角色中来吧，不然等发现自己的想学习的时候，可能就是大学毕业的时候了，一届又一届的毕业生中，总有这样的同学。

在大一学生放寒假的时候，老师一般会让同学们在回家之后尽量多的跟自己的高中同学交流，总结一下自己大学第一学期的收获。开学后的调查结果显示，超过百分之九十的学生觉得时间过得太快，自己什么都没有学到，既没有学习带来的充实感，也没有参加活动带来的幸福感。部分学生觉得，在学校的每一天，虽然也是忙忙碌碌的，但既不是在学习，也似乎不是在为了某个长远的目标努力。

这个问题的原因就在于，他们感觉大学时间还长。趁自己还有激情的时候，干吗不疯狂一下？船到桥头自然直，到时候再努力吧。当然，不排除有的学生清楚自己不应该这么没有目的地混下去，但是，已经养成了不好的习惯，哪那么容易克服？所以他们就安慰自己说：“到了大三、大四再拼搏吧，省得坚持不下去，大三也不晚么……”

记得大学的时候一个舍友，高考的时候成绩很棒，可到了大学却整天沉醉在韩剧中。别人经常劝她好好学习，她总是说，高中那么累，到了大学我要好好放松放松，把高中错过的东西都补回来。她狂热地迷恋韩剧中的人物，甚至不惜放下课业去全国各地参加他们的演唱会。在她看来，这才是自己大学的精神追求，那些只顾着学习的同学的生活太单调枯燥了，大学应该丰富多彩。

由于哈韩浪费了大量精力，她的学业变糟了，为了应付考试，她只能靠考前通宵自习勉强过关，但是考试过后，却马上又回归常态。转眼间，两年时间过去了，宿舍里其他同学都过了大学英语四六级，有的拿到了计算机等级证书。此外，丰富的实习经历为他们毕业找工作增添了重重的筹码，考研的同学甚至还在核心期刊上发表了文章。可她还不知道自己要干什么，那个时候她在想，还有一年的时间才面临找工作，自己可以考公务员、回家找工作，不着急。可是，到了大四的时候，同学们考研的考研，签约的签约，她却面对自己的未来束手无策，她的四年全在自己给自己搭建的小世界里度过了。

毕业离校那天，她提着自己的行李站在宿舍的楼下，站了好久，很多人都记住了她迷茫的眼神，她不知道自己应该向哪个方向走，她无助，但这又有什么用？据说后来，她在学校附近租了一间地下室，花了一年的时间用来考研，但是成绩不理想。

大学四年，每年都有每年的任务，落下任何一部分时间都需要从其他方面弥补回来，不要轻易拿自己年轻的这几年做实验，因为有的时候输了，要想再赶上自己的同学朋友，需要花更长的时间弥补，能弥补还好，若是弥补不回来呢？

误区之三：父母和老师会帮我们解决我们解决不了的问题

中国的很多孩子从小便在父母和老师的安排下学习生活，什么时间学习、学习什么、什么时间去玩、玩些什么等都由大人说了算，从小就没机会处理自己的事情，这些孩子对父母和老师形成了强烈的依赖感，没有大人，寸步难行。

到了大学，突然离开了自出生就享有的父母的庇护，好多人不知道该怎么安排自己的生活。其实，他们心里总还幻想着到了关键时刻有父母和老师可以让其依靠，所以不愿面对现实。有人做过一项研究，结论是有这种想法的孩子自理能力往往较差，不敢主动地承担自己应该承担的

责任。

大学是锻炼能力的地方，而不是展示父辈能力的地方，大学是缓慢的向社会过渡的过程，如果不能离开父母和老师的庇护，那么永远没有能力独立生活在社会中。社会有一个优胜劣汰的竞争体制，如果没有足够的能力就会被社会淘汰，想要自由地生活在这个世界上，最可靠的办法就是不断提高自己的能力，让自己独立解决各种各样问题。

张祥青是天津荣程联合钢铁集团有限公司董事长，创办实业以来共向国家纳税达30亿元，为社会提供了7000多个就业岗位，安置下岗职工3500余人。在这个风光的数字的背后却有一段让人心酸的故事。

1976年7月28日夜，唐山突然山崩地裂，突如其来的7.8级大地震，一夜之间带走了24万中国人的生命，就是在这个不幸的夜晚，张祥青成了一名孤儿。离开了父母的庇护，无助、难过，各种各样的感情反而激起了他的坚强，“看到妈妈、哥哥和其他乡亲的一具具尸体摆在那儿，真的很难过，但我没有绝望。我的生命是妈妈给我的，既然我活了下来，我就要坚强地活下去。”张祥青说，“我永远不把自己当孤儿，我把爸爸妈妈的离去想成他们都是去了远方，这样我才不会觉得自己是最可怜的人。”在无数幼小孩子心灵中，灾难或许会给他们留下一生的阴影，但面对这样巨大的灾难，张祥青却表现出非凡的坚强意志和乐观精神。

地震后，张祥青开始跟着大哥、大嫂一起生活。平日里，张祥青一边捡破烂、割猪草，一边到学校上学。小学四年级时，一个比张祥青大5岁的孩子，突然向他抛来一团很硬的泥巴，很痛。他忍着疼痛到河里去洗泥巴，然而，地震后残留在河底的废墟里的铁片扎了他的脚，脚底板上的肉全都被割开，就像一条泥鳅血淋淋匍匐在上面。他被送往医院，缝了7针。由于无法正常行走，张祥青被迫留级一年。“由此我变成同班同学中较为年长的学生。我开始有自己的想法，我寻找到独立人格，以独立方式做我需要做的事情，不再盲目跟从他人。人生的改变，可能往往在某一不经意之间。”张祥青感慨道。由于那时家里还很穷，哥哥为了让他上学，只能向别人借钱，借来的两元钱中一元交学费，一元买本子和铅笔。念完初中第一学期后，15岁的张祥青辍学了，开始了捡破烂的生活。张祥青认为，如果他工作，可以更好地为家里分忧。15岁的张祥青，受政府照顾，进入唐山的一家铁厂当了一名工人，结束了边上学边捡垃圾、割猪草、卖冰棍的日子。此后张祥青又经历了靠做豆腐、买卖钢铁等为生的日子。在他人生最黑暗的时候，所有的积蓄都赔光了，工人发不了工资。但是他没有放弃，开始寻找新的出路，他自己开烧结厂，将目光从首钢垃圾山中的废钢转向烟尘中的铁泥。1998年，张祥青、张荣华成立了河北丰南冀发特种钢材有限公司；一年后张祥青又在河北成立了现在的唐山市合利钢铁厂。

张祥青的成长经历告诉我们，要成长成熟起来，只有靠自己。父母虽然永远不会抛弃我们，但是父母也不会永远照顾我们。假使他从小生活在父母给搭建的温暖的港湾里，或许不会这么成功。大学校园里也是这样，只有通过自己的不断努力，克服种种困难，才能成为一个成功的社会人。

误区之四：学生活动参加得越多越好

大学就必须参加各种各样的活动是大学生对于大学的另一个错误认识，活动参加得越多，越证明自己有能力，其实不然。大学确实注重多方面综合发展，要通过参加学生活动锻炼自己的组织管理能力、协调能力、语言表达能力等，但是这些都是建立在自己有精力处理好学习问题的基础之上，否则的话就是本末倒置。大学中，无论拥有什么身份，什么职务，最主要的身份还是学生，如果自己的本职工作没有做好的话，其他工作的意义就会打折扣。

来自北京的小王同学就面临着这种情况。

小王在北京市某重点大学读工商管理专业，大一刚开学的时候，学校各种各样的组织都在纳新。看着丰富多彩的大学社团活动，他觉得非常有意思。小王不知道自己应该怎么选择，又什么都舍不得放弃，结果参加了6个社团，还加入了学生会。从此以后，他天天参加各种各样的会议，写大大小小的策划，组织丰富多彩的活动，他觉得自己作为一个学生干部非常的自豪，每天都忙得不亦乐乎。但是，到了学期末，各科考试的成绩向他亮起了红灯——高数不及格，英语勉强刚刚过，专业课程的成绩低得可怜。由于他的成绩太差，好几个学生组织劝退了他，他此时才明白自己所面临的最主要问题是搞好学习。

其实，小王同学对各种各样的活动感兴趣是好事情，他完全可以在大学这个舞台上展示自己的才华，锻炼自己的综合素质和综合能力。但是，过犹不及，过多地投入精力，甚至放下自己的学习时间，最终给自己带来的只能是苦恼。在大学的课堂上，经常会有迟到或者上课频频发短信的学生，问之则曰：刚刚参加完某个活动或者正在通知某件事情，这让任课老师也有些无奈。照理说，老师应该支持学生全面发展，但是放下学习来发展其他方面的能力就算不上一件好事情了。很多用人单位也反映过这个问题，现在很多的毕业生大学期间做过很多的学生工作，个人交往能力比较强，但是对于专业知识掌握得太差，没有办法从事和专业相关的本职工作。

很多学生犯过小王的错误，所以，在参加活动的时候做好选择，不一定非要参加所有的活动才能锻炼自己的能力，而是根据自己的实际情况，有选择性地锻炼，争取成为新一代具有综合素质的能适应社会的大学生。

第二节 不同的世界，不同的梦想——中学学习和大学学习的差别

一、"为什么老师下课就不见了？"——学习环境的差别

笔者在上高中的时候听过一个非常优秀的校友做过一个讲座，她说她在读高中的时候觉得大学是很"大"的学校，里面高楼林立、郁郁葱葱、幽美至极，到了大学才发现，原来只是自己的误解。很多人都告诉我们大学是我们人生的一个转折点，其实很大一部分原因，就是对于很多学生来讲自己的生活环境发生了翻天覆地的变化，而这种变化又深深地影响了我们以后的人生之路。

中学阶段，一个班级甚至一个学校的同学基本上是生活在同一个地方的人，大家从小的生活环境基本一样，在同一个班级中学习，不会有太大的差别。但是到了大学，同学们来自五湖四海，不同的地方有不同的生活习惯，不同的人有着不同的生活背景，这样的同学组合到一个教室上课或是一个寝室生活，对于每个人心理的冲击都是会比较大的。

有一个宿舍，六个学生当中有两个藏族的学生，一个哈萨克族的学生，一个土家族的学生，还有两个分别来自河北和山东的汉族学

生；六个人当中又有两个来自城市，四个来自农村。这种组合让身处其中的同学困扰了很久。因为仅仅是这不同的生活背景和家庭环境，就让这几个学生磨合了好长时间，在高中的时候，他都从来都没想过大学还会面临这种问题。

这几个学生里表现最明显的是来自西藏的同学，虽然从初中就离开了西藏开始了内地的学习生活，但是自己所在的学校是藏校，身边的同学也一直是藏族，同大家有共同的语言、共同的爱好、共同的文化，一起上课、一起学习，一切都很舒服。可是，到了大学，突然要接受这么多的同学，民族习惯相差甚远不说，而且又不总是一起上课、一起自习，个人的作息时间也不一样，交流还有点费劲，两个藏族同学感到非常别扭，很长时间之内他们都不能安下心来。

人还有从众的心理，看到别人做的事自己要是也在做就比较安心，可是，到了大学，每个人都自己支配自己的课余时间，人人都不相同，这使得很多学生不适应。在中学阶段，同学们有相同的作息时间，相同的课程，但是到了大学，所有的课余时间都由自己支配了，反而不知道该如何去做了。看到同学在看书，自己也就想看看书；看到同学在上网，自己也就想去上网；看到同学积极的参加活动。自己也就想着参加活动。没有时间的概念，也没有自己的安排，内心空虚、不踏实。

除此之外，地理环境的差异也会使得很多学生不习惯大学的生活。中学一般不会离家太远，学习任务再紧张也会抽空回家看看，但是大学就不那么方便了，对很多同学来说，大学是陌生又遥远的，只能在每年寒暑假的时候回家看看。以前累了委屈了可以回家找父母安慰，但是现在没有父母在身边。有的同学特别想家，想想眼泪就掉出来了，他们想家乡的饭菜，想家乡的人，甚至想空气的味道。

小红来自黑龙江，现在在长沙一所高校读大一，虽然假期在家的时候做了很多的思想准备，但是巨大的环境差异还是让她非常不习惯。气候上，南方的天气又潮又湿，有时候一连好多天看不到太阳；文化上，自己虽然说普通话，但是身边很多人说话自己完全听不懂，甚至有些任课老师讲课都带有口音。这些还算是可以克服的，最适应不了的是食堂的饭菜，每道菜都辣得出奇，有一段时间她因为适应不了新的环境甚至决定回家补习一年重新参加高考，最终在老师和朋友的鼓励下才留了下来。后来，她开始调整自己，尝试着像同学们说的那样，用一种欣赏的眼光来看待这里的环境和风俗，平和自己的心态，积极地和大学的同学交朋友，两年以后，她喜欢上了这个地方。

学习环境的差别让很多学生不能安心的学习，但是只要正视这些差异，其实是可以克服的。我们太长的时间都习惯了同一种学习环境，对于大学这样一个全新的环境从心理上比较抵触，尤其是到离家比较远的地方上大学。这就需要及时调整自己的心态，抛弃挑剔的眼光，每天就会开开心心的学习、生活。

二、告别“两耳不闻窗外事，一心只读圣贤书”的日子——学习方式的差别

每一个高中生都有自己的学习方法，可是到了大学，高中阶段沿袭下来的学习方法是不是实用，还值得我们思考。在高中阶段，同学们在同一间教室由同样的老师教授同样的课程，到了大学，我们则需要根据个人的兴趣爱好和学习状况，自主选择自己学习的课程。选择的范围越大，对于同学们来说难度就越大，因为自主选择课程对于自我管理能力比较强的学生来说还好，但对于没有主见和对自己人生规划又不成熟的学生来说，就显得很糟糕，而大多数人在入学时都是

后者。

山东某重点高校的小李同学，高考成绩非常优秀，但是，他中学以前一直是在家长和老师的安排下学习，到了大学，没有了固定的教室，也没有了固定的学习时间，他变得束手无策。没了老师的提示和管束，他不知道什么时间去学习，也不清楚该学些什么。大学的教授在课上会让学生自由讨论，自由发问，但是他却担心自己的问的问题太简单，同学们会笑话自己。时间久了，他越发不敢在同学们面前谈论自己的想法，后来，他已经不知道怎么跟同学交流沟通了，这也导致了他的成绩越来越差，性格越来越内向，人也变得敏感多疑。他自己非常的苦恼，从小学到初中到高中，自己一直都是按照自己的学习方法，按部就班，学得非常充实，当然学习成绩也非常好，但是到了大学怎么就突然之间找不到学习的方向了呢？

大学和中学的学习方式方法不同是导致原本学习成绩相差无几的学生进入大学拉开差距的重要原因，如能处理好这一点，很多学生就会比较轻松地应对大学的学习和生活。

首先，大学的学习时间是个人自主安排的。大学的校园中，没有老师整天盯着你上自习、写作业，所有的课余时间都由自己支配，课程上，老师把该讲的讲完，然后剩余的学习任务都是靠自己的自律。如果你课上消化得比较好，就可以少花点时间在这一门科目上；

如果学得不是很好，就需要做大量的复习、辅助工作。对于作业，一两次不完成老师可能会批评你，但是如果你一直很差劲，老师的批评也很少会加剧。到了大学，只有自己可以决定自己是否学习，一切外来的压力其实都不起主要作用。现在想来，高中时，自习课上老师在教室里坐着，生怕哪个同学不好好学习，或是说话、睡觉，课堂上老师反复地问“听懂了没”，生怕有学生不理解课程的内容。但是，现在需要自己调节一切，自己合理安排自己的学习时间，听不懂要主动找老师答疑。大学告诉大家：以前学习好并不代表现在学习能力强，现在要主动。

其次，学什么也是自主选择的。大学不会再像高中一样，同班的同学学同样的东西、有同样的老师，大学实行自主选课，除了一些必修的专业课以外，有很多的课程都是大家根据自己的兴趣爱好选的，除此之外，大家还可以根据自己的兴趣爱好旁听自己感兴趣的课程。这种做法给了学生很大的自由选择的空间，同时，也使得没有自己兴趣爱好的学生变得坐立不安。中学阶段大家只要安心的学习就行了，学习的内容是一定的，只要拼起命来，基本就能取得好成绩，但是大学里，即便是同一宿舍的人爱好的方向也不同，有的对数学感兴趣，有的对经济感兴趣，还有的对文学感兴趣。对成绩而言，这种追求没有功利的成分，仅仅是兴趣爱好，所以有人说“对学习成绩不要太在意”在某种定义上也不是没道理。比如，一个数学不太好的学生真的不优秀吗？或许这个学生是一个电脑高手呢。

再次，在大学里面学习的资源远远多于中学。在中学阶段学习资源非常的单一，很大程度上依赖老师的讲课和答疑。但是到了大学阶段由于学习难度的加深、老师授课任务的繁重，我们不可能再像以前一样把所有的问题都留给老师解决，而是要培养自己解决问题的能力。大学里有图书馆、实验室，还有很多相关专业的同学，自己解决不了的问题，可以和感兴趣的同学组成兴趣小组，一起探寻问题的解决方案。

中学到大学，很多地方都不一样。对还没有适应大学生活的学生来讲，请仔细思考大学生活，不要停留在中学的学习方式方法上不肯前进，以前的方法虽然伴你走过了那么久并取得了优异的成绩，但是到了一个全新的环境中就要用全新的思维武装自己，否则只能被时间的脚步远远甩下。

三、我的地盘我做主——学习目的的差别

罗杰·罗尔斯是纽约第53任州长，也是纽约历史上第一位黑人州长。他出生在声名狼藉的大沙头贫民窟。在这儿出生的孩子，长大后很少人能获得较体面的职业。然而，罗杰·罗尔斯是个例外，他不仅考入了大学，而且功成名就。在就职的记者招待会上，罗杰·罗尔斯对自己的奋斗史只字未提，他仅说了一个非常陌生的名字——皮尔·保罗。后来人们才知道，皮尔·保罗是他小学的一位校长。

1961年，皮尔·保罗被聘为诺必塔小学董事兼校长，当时正值美国嬉皮士流行的时代。他走进大沙头诺必塔小学的时候，发现这儿的穷孩子比“迷惘的一代”还要无所事事，他们旷课、斗殴，甚至砸烂教室的黑板。

当罗尔斯从窗台上跳下，伸出小手走向讲台时，皮尔·保罗说，我看你修长的小拇指就知道，将来你能成为纽约州的州长，罗尔斯大吃一惊，因为长这么大，只有他奶奶让他振奋过一次，说他可以成为五吨重的小船的船长。这一次，皮尔先生竟说他可以成为纽约州的州长，着实出乎他的意料。他记下了这句话，并且相信了它。从那

天起，纽约州州长就像一面旗帜。他的衣服不再沾满泥土，他说的话也不再夹杂污言秽语，他开始挺直腰杆走路，他成了班长。在以后的40年间，他没有一天不按州长的身份要求自己。51岁那年，他真的成为了州长。这就是目标的力量。

中学阶段的学习目的，大家只要闭上眼睛，想想促使自己长时间坐在教室里学习的动力就会清楚，那就是取得优异的成绩，考一所好大学。可是，来到大学校园，考大学的目的已经实现了，下面的目的究竟是什么呢？只是学习吗？肯定不是。我们读大学，也许目的是为了在毕业的时候有一份好工作，也许是四年之后自己可以进入更高的学府充实自己，也许还有其他更崇高的追求，这些促使大家前进。而对那些到了大学以后却不知道自己学习的目的的人来说，进一步努力学习的力量就不足了。

小王同学在高中阶段也曾是一名品学兼优的好学生，他把考大学作为自己最大的梦想。最终他也不负众望考上了一所名牌大学，可是来到大学之后他感觉自己所学的专业不是自己所喜欢的，当初听了父母的意见，真正读了之后却一点兴趣也没有。后来，他又发现身边的同学都在学习之余忙着参加各种社团活动，每个人都多才多艺，自己又什么也不会，于是他慢慢地感觉到大学一点意思都没有，甚至觉得上大学都没什么用了，因为本来他就不知道上大学是为了什么。

有人上大学之后，所有学习的重心就是将来找工作，有人是为了毕业的时候能读研，还有人不断地挑战自己能力，培养自己各方面的特长。总结起来，大学的学习目标既要求掌握比较深厚的基础理论和专业知识，又要求重视培养各种能力。大学教育还具有明显的职业定向性，要求大学生除了扎扎实实掌握书本知识之外，还要培养研究和解决问题思维能力、创造能力、组织管理能力和表达能力，为将来适应社会工作打下良好的基础。大学中除了必修课，还有很多辅修课供学生选择，在辅修课的课堂上学到更多更有用的东西。大学教育强调学生学会求知、共处、做人、做事，这也是应该做到的。

大学生学习目的的自我诊断量表

这是一份关于大学生学习目的的自我诊断量表，一共有20个问题，请你根据自己的实际情况，逐一对每个问题做“是”或“否”的回答。为了保证测验的准确性，请你认真作答。

（1）如果别人不督促你，你极少主动地学习。

（2）你一读书就觉得疲劳与厌烦，直想睡觉。

（3）当你读书时，需要很长的时间才能提起精神。

（4）除了老师指定的作业外，你不想再多看书。

（5）在学习中遇到不懂的知识，你根本不想设法弄懂它。

（6）你常想：自己不用花太多的时间，成绩也会超过别人。

（7）你迫切希望自己在短时间内就能大幅度提高自己的学习成绩。

（8）你常为短时间内成绩没能提高而烦恼不已。

（9）为了及时完成某项作业，你宁愿废寝忘食、通宵达旦。

（10）为了把功课学好，你放弃了许多你感兴趣的活动，如体育锻炼、看电影与郊游等。

（11）你觉得读书没意思，想去找个工作做。

（12）你常认为课本上的基础知识没啥好学的，只有看高深的理论、读大部头作品才带劲。

（13）你平时只在喜欢的科目上狠下功夫，对不喜欢的科目则放任自流。

（14）你花在课外读物上的时间比花在教科书上的时间要多得多。

（15）你把自己的时间平均分配在各科上。

（16）你给自己定下的学习目标，多数因做不到而不得不放弃。

（17）你几乎毫不费力就实现了你的学习目标。

（18）你总是同时为实现好几个学习目标而忙得焦头烂额。

（19）为了应付每天的学习任务，你已经感到力不从心。

（20）为了实现一个大目标，你不再给自己制定循序渐进的小目标。

结果解释：

上述20道题目可分成4组，它们分别测查你在四个方面的困扰程度：1～5题测查你的学习目的是不是太弱；6～10题测查你的学习目的是不是太强；11～15题测查你的学习兴趣是否存在困扰；16～20题测查你在学习目标上是否存在困扰。

假如你对某组（每组5题）中大多数题目持认同的态度，则一般说明你在相应的学习欲望上存在一些不够正确的认识，或存在一定程度的困扰。

从总体上讲，假设选“是”记1分，选“否”记0分，将各题得分相加，算出总分。

总分在0～5分，说明学习目的上有少许问题，必要时可调整。

总分在6～10分，说明学习目的上有一定的问题和困扰，可调整。

总分在14～20分，说明学习目的上有严重的问题和困扰，需调整。

注：本测验的结果仅供参考。

四、三百六十行，行行出状元——学习效果的差别

中学的学习效果主要是以学习成绩为判断标准，中学时成绩好的同学会受到各方面的关照，他们是老师眼中的好学生，是家长眼中的好孩子，他们走到哪都是焦点，可是上了大学你会忽然发现这一切都改变了。如果不能正确认识这种改变，从各方面培养自己的能力，就会使自己陷入自卑、迷茫的困境。

来自河北的小丽同学就遇到了同样的问题，小丽在高中时学习成绩优异，感觉自己走到哪里都带着光环。可是刚上了大学，她就郁闷了，原来，刚开学时她去学生会参加面试，结果没能被录取；迎新晚会她看着舞台上的同学能歌善舞，得到了观众疯狂的掌声与呐喊声，她好想感受那种站在舞台上的感觉，可她以前只是学习，从不唱歌和跳舞；学校里举行演讲比赛，小丽很想报名，可是她一想起自己浓浓的方言味，只能放弃了。小丽为什么会郁闷？因为大学的学习不仅仅以成绩为判断标准了，大学强调学生全面发展，学习的效果也体现在多方面，专业课成绩固然重要，舞蹈、唱歌、组织领导能力、发明创造能力等其他方面能力也很重要。成绩好你可能会拿奖学金等，但不会像中学那样受到全方位的关注。有些同学动手能力强，搞发明；有些同学文笔好，经常在各种刊物上发表文章；有些同学文艺好，经常在校园各种活动中当主角；有些同学领导能力强，成为学生组织的负责人。这些同学都能受到大家的关注。小丽的郁闷正是因为她感受到了自己其他方面能力的欠缺。

如果你也遇到了和小丽相同的问题，那么不妨看看下面的小建议。

（1）虽然大学不再以成绩好坏作为学习效果的唯一评判标准，但是作为一个学生首先还是要重视基础知识的学习，那是提升综合能力的前提条件。

（2）发现不足时，要勇于去弥补，不要畏手畏脚害怕改变。如你唱歌唱得不好，那就多练练。

（3）要勇于尝试自己畏惧的事物，口才不好，偏要去参加一些辩论赛，因为没有人是天生的好口才，都是练出来的；如果你天生羞于与人交往，那就多参加集体活动。

（4）不要固执于某件事物，比如本不擅长跳舞，可以花适量的时间去练习一下，但不必固执于此。因为每个人都有自己擅长的方面，别人可能天赋出众，你花大量时间去练习未必会取得好的结果。不妨转换一下思路，寻找自己所擅长的方面，比如去尝试一下演小品、说相声，没准你就是这方面的人才。

中学阶段，大部分学习都是单纯的书本学习，但是到了大学，学习变得多元化、复杂化。中学阶段的学习会了就是会了，不会就是不会，可以通过向老师、同学请教来弄懂某个问题，学习效果是立竿见影的。但是在大学，有很多的学习内容是内在的，可能学习了很长时间，但是从外在的表现形式来看并没有实质的变化。举例来说，在很多高校要花很长的时间对学生进行公民教育、德育教育，学生也要

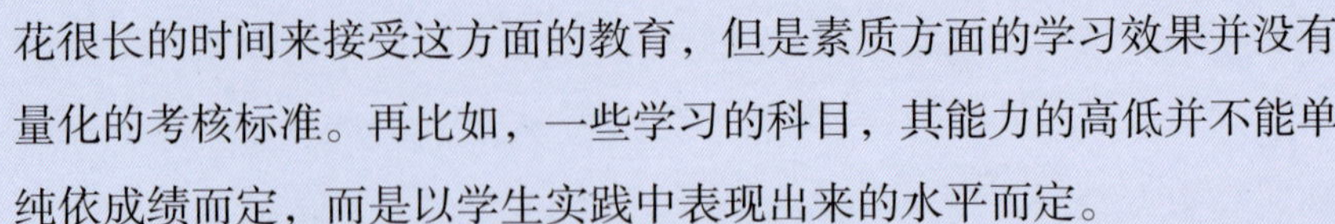

花很长的时间来接受这方面的教育，但是素质方面的学习效果并没有量化的考核标准。再比如，一些学习的科目，其能力的高低并不能单纯依成绩而定，而是以学生实践中表现出来的水平而定。

这些学习效果，中学阶段的标准是没有办法衡量的。大学的学习，要“不以物喜，不以己悲”。无论学习什么，只要坚持住，每一天都在认真地努力，学习效果就一定会显现出来。不要像中学阶段要求立竿见影，那样反而会给自己造成心理压力，阻碍自己的进步。

五、学习不只是念书和做题——片面学习与全面学习的差别

到了大学，有很多同学在很长一段时间内都感觉自己什么都不会，什么都需要学习，这就是大学阶段的学习和中学阶段的学习的差别。在中学阶段的学习就是每天在教室里，听老师讲书本上的知识，完成老师布置的作业。但是到了大学，我们所学习的不仅仅是书本上的知识，还包括生存的能力、适应社会的能力、获取知识的能力等很多东西，细微到如何使用某种机器、在不同的场合如何说话等。传统观念上对于学习的理解需要跳出狭隘的小圈子，大学的学习生活才能更加丰富充实。

狭义学习指的是日常概念里的学习，基本局限在知识、技能的学习，如学生上课、作业、考试。而广义学习就要宽泛得多，是一种对社会的适应。我们儿时要学习说话、走路、穿衣，长大了要学习开车、用电脑，这都是学习。狭义学习和广义学习的差别又叫做片面学习与全面学习的差别，中学时强调最多的便是文化课的学习，这就是片面的学习。片面学习要是太多了，大学以后就会出现后果，比如有

人自己不会洗衣服、不会收拾房间，不知道如何跟室友搞好关系，也不知道如何和陌生人打交道。一般来说，习惯了过去片面学习的大学生会非常痛苦，因为他们一直以为，那些现在需要的能力根本不该是学习的内容，他们没学过，也全然不会，要花很大的精力和时间来补。

来自山西的小白上了大学就这样成为了大家眼中的另类，由于家庭优越，又是独生子，家里所有人都宠着他。从小到大，他的衣服从没自己洗过，每天的着装也由父母帮忙。上了大学之后，由于不会洗衣服，开学不到一个月，他把带来的衣服穿个遍，最后又全部堆回到了衣柜里。他和舍友的关系也很紧张，他的东西从不愿与人分享，可用起别人的东西时却连招呼都不打。

小白显然是深受片面学习之害，他的学习成绩尽管不错，可是中学时忽视了其他方面的学习。那么，除了书本哪些东西还要学呢？

第一，自学能力，不可或缺

上中学时，老师会不厌其烦的给你灌输各种知识，一遍不懂没有关系，老师会反复给你讲解，似乎没有必要去培养自学的能力。但是大学里，许多同学抱怨老师讲得太快，一节课几十页就过去了，自己根本没有时间去理解，为什么？因为自学能力不够。会自学的人，懂得上课前要好好预习，课后要好好复习，这么简单的道理，许多人都不懂。微软公司曾做过一个统计：在每一名微软员工所掌握的知识内容里，只有大约10%是员工在过去的学习和工作中积累得到的，其他知识都是在加入微软后重新自学的。这一数据充分表明，一个缺乏自学能力的人难以在微软这样的现代企业中立足。养成良好的自学能力，是大学四年中可以送给自己的最好礼物。

第二，勇于实践，不畏困难

上高中时，许多学生会向老师提出“为什么？有什么用？”的问题，很多时候老师给出的答案都是“先记住它”。可进入大学后，这些问题的答案应该自己想办法找。在大学里，同学们应该把学科的知识、理论、方法与具体的实践、应用结合起来。

有一句关于实践的谚语是这样说的：“我听到的会忘掉，我看到的能记住，我做过的才真正明白。无论学习何种专业、何种课程，如果能在学习中努力实践，做到融会贯通，就可以更深入地理解知识体系，反过来，更可以牢牢地记住学过的知识。

第三，培养兴趣，树立目标

孔子说：“知之者不如好之者，好之者不如乐之者。”如果你对某个领域充满激情，你就有可能在该领域中发挥自己所有的潜力，甚至为它而废寝忘食。这时候，你已经不是为了成功而学习，而是为了“享受”而学习了。

大学里要学习的东西很多，你需要积极的去发现自己的兴趣点，这样你学起来也会轻松很多。比如你对绘画感兴趣，那么不妨报名参加书画社，经过一段时间的学习说不定你又多了一项本领。

有时也需要给自己树立一些目标，并为之去努力，比如你想培养自己的领导组织能力，不妨去参加班委的竞选。比如你想锻炼自己的演讲能力，那就每天看一些文章，学习一些演讲的技巧，有发言的机会就积极发言，有演讲比赛就积极参加。

第四，积极主动，果断负责

从大学的第一天开始，人必须从被动转向主动，成为自己未来的主人，理由很简单：因为没有人比你更在乎你自己的工作与生活。

“让大学生活对自己有价值”是大学生的责任。许多同学到了大四才开始做人生和职业规划，不得不说，这太晚了，而一个主动的学生应该从进入大学时就开始规划自己的未来。

从进入大学的第一天开始就积极主动一点吧，不要再像中学那样期待父母催促你起床上学，不要期待老师时刻督促你学习，更不要等着人来教你怎么与人交往，怎么更具领导力。这一切都需要你积极主动去做，不要畏惧，更不要逃避，为自己每一次的努力暗自加油，为自己的每一个行为果断负责，更为自己的大学生活负责。

第五，掌控时间，自控自觉

除了积极主动的态度，大学生还要学会安排自己的时间，管理自己的事务。上了大学，当你去参加学生组织面试的时候多半会被问到这样一个问题：“当你学习和工作都比较忙时，你该怎么去处理？”这就是在考查自我掌控和分配时间的能力，因为大学需要做的事情很多，要学很多东西，时间上的冲突不可避免。当冲突发生时，不能不知所措，要冷静下来，分清事情的轻重缓急，再做出正确的选择。思考和学会选择也是一种学习。

第三节　“学习”那些事儿

一、谁说“学习就是为了通过考试”？——对学习的误解

屈指算来，每一个大学生进入学校都十多年了，从九年义务教育，直到高中三年备战高考，头脑里早就对学习有了自己的看法，根

深蒂固。对于这些学习的看法，我们不好妄加评判，因为正是这些学习的观念帮助我们顺利地步入了大学。到了大学里，学习观念发生了改变，要尽快地调整自己的学习观念，调整得越早，离成功就会越近。

中学阶段，由于高考的压力，学习的目的很简单，只要考试中能够取得优异的成绩就会非常开心，但是，如果某次考试发挥较差，无形中就会变成一种心理压力，家长也担心起来，自己就更紧张。

在高中阶段，优异的成绩、上名牌大学是学习最大的目标，这就难免会对学习产生一些偏颇的看法，归纳起来主要有以下几种。

第一，学习是为了父母，为了老师。很多人中学时都会有这样的心态，觉得父母整天为自己操碎了心，父辈唯一的愿望就是希望自己能考上重点大学，为全家人争光。为了不辜负父母和老师的期望，每天刻苦学习就为了考高分、上好大学来实现父母和老师的愿望，如此会因为一次小小的考试甚至一两道题而患得患失。可是却忽略了学习最原始的目标，那就是为了自己，为了个人的兴趣爱好和个人的长远发展。

第二，学习很枯燥。由于中学时面临极大的升学压力，一般课程都非常紧张，几乎都没有周末，学习的内容本身也比较枯燥，很多人即使有自己的其他爱好，但面临各方压力也只能被迫投入到考大学的大军中，放弃自己的兴趣爱好。这种学习方式就让很多人苦不堪言，对学习产生逆反心理，觉得学习是一件非常枯燥的事情，同时觉得只有书本上的、对高考有帮助的学习才算得上学习。他们全然不知，生活中处处都需要学习，学习也可以成为自己的兴趣爱好。

第三，学习就是为了考高分。在中学由于受到分数决定一切的影响，大家都拼命地学习，学习的方式、目的等都不再重要，只要考出好成绩那就皆大欢喜，这样一来学习的目的就变了味。在高中阶段，很多学生看书都带有一定的功利色彩，对能提高学习成绩的书就拿来看，对不能提高学习成绩的书，即便自己再感兴趣也不会看，这导致了这部分学生对于知识的内涵掌握得不够。有人曾经做过一个小小的调研，调查学生大学之前没有看过四大名著的原因，结果，超过半数的学生给出的原因是看名著不会提高学习成绩，反而会耽误学习时间。

第四，只要学好课本知识，其他都不重要。能不能考高分，能不能上好大学，完全取决于能不能掌握好课本知识，这必然导致学生“两耳不闻窗外事，一心只读教科书”。自身的思想道德素养、心理健康成长都被忽视，学习演变成了学好几门固定的课程了，学习变成了简单的背诵、记忆，学生的创新能力低下，虽然掌握了很多的理论，但是对于这些知识的应用却茫然不知。

小敏是上海一所全国重点大学的大一新生，高中时她学习成绩非常好，是老师家长眼中的好学生，在学校、家里都受到大家众星捧月般的关爱。上了大学后小敏认为只要学习成绩好，那么自己就一定还是焦点，因而她保持着高中学习的劲头，上课认真听讲，做笔记，课下按时完成作业，几乎从不参加课外活动。一学期下来，小敏的成绩在班里并不是最好的，但大家

普遍都觉得她有点“孤僻”。小敏非常郁闷，她不明白为什么自己那么努力学习，都没有参加那些“不务正业”的课外活动，怎么成绩还不是最好的呢？大家也不是很喜欢她呢？

从小敏的事例中我们可以发现，小敏的困惑主要有两点：首先，为什么自己努力学习，成绩却不是最好的？其次，为什么自己做一个好好学习的“乖乖女”还得不到大家的喜欢呢？认真分析后，我们发现小敏的困惑主要由以下几方面原因造成：大学的学生都来自全国各地，也都曾是中学时代的佼佼者，学习成绩都不会差，自己的成绩不是最好的也不难理解。此外，大学的学习方式、目的等都不同于中学，如果还像中学一样学习，效果肯定也不会太好。小敏错误地以为大学依然是以成绩论成败，成绩以学习时间论成败，忽视了大学是培养人全方面发展的场所这一关键。学习成绩是重要，但功夫在事外，自己崇高的思想道德修养、独立自主的品格、杰出的人际交往等能力对学业都有帮助，如果只知道学习，不参加课外活动，尤其是一些班级的集体活动，没有有意识地去结交一些朋友，不仅很容易被别人忽视，也会给人不好的印象，更不利于学业的发展。

对学习认识的测评表

本问卷共有二十道题，每道题都叙述一种情况，随后列出五种不同程度的答案。请先仔细阅读题目所述的内容，再与您的实际情况相比较，选出一个与您情况最为符合的答案。

1. 我常常觉得学习就是为了让父母满意　　（　　）

A. 从未如此　　B. 很少如此　　C. 有时如此

D. 经常如此　　E. 总是如此

2. 我感觉自己学习的动力完全来自于外界（　　）

A. 从未如此　B. 很少如此　C. 有时如此

D. 经常如此　E. 总是如此

3. 我在学习过程中，总是感觉很痛苦（　　）

A. 从未如此　B. 很少如此　C. 有时如此

D. 经常如此　E. 总是如此

4. 我觉得十几年的学习使我变得越来越冷漠了（　　）

A. 从未如此　B. 很少如此　C. 有时如此

D. 经常如此　E. 总是如此

5. 对自己感到较难学的课程我常懒得拿起书本（　　）

A. 从未如此　B. 很少如此　C. 有时如此

D. 经常如此　E. 总是如此

6. 我觉得考高分就是我学习的唯一动力（　　）

A. 从未如此　B. 很少如此　C. 有时如此

D. 经常如此　E. 总是如此

7. 外界对大学生学习现状的指责我常常感到难以忍受（　　）

A. 从未如此　B. 很少如此　C. 有时如此

D. 经常如此　E. 总是如此

8. 我只重视规定课程和书本的学习（　　）

A. 从未如此　B. 很少如此　C. 有时如此

D. 经常如此　E. 总是如此

9. 我常常感到自己的学习负担过重，太劳心费神（　　）

A. 从未如此　B. 很少如此　C. 有时如此

D. 经常如此　E. 总是如此

10. 对某些课程我常感到“束手无策”（　　）

A. 从未如此　　B. 很少如此　　C. 有时如此
D. 经常如此　　E. 总是如此

11. 每天的学习使我的脾气变得暴躁了　（　　）
A. 从未如此　　B. 很少如此　　C. 有时如此
D. 经常如此　　E. 总是如此

12. 我现在的学习使我无法冷静处理一些情绪上的问题　（　　）
A. 从未如此　　B. 很少如此　　C. 有时如此
D. 经常如此　　E. 总是如此

13. 学习中确实感到有一些教师上课索然无味　（　　）
A. 从未如此　　B. 很少如此　　C. 有时如此
D. 经常如此　　E. 总是如此

14. 憧憬自己的专业应用，我对将来感到“心灰意冷”　（　　）
A. 从未如此　　B. 很少如此　　C. 有时如此
D. 经常如此　　E. 总是如此

15. 我常对学习感到力不从心　（　　）
A. 从未如此　　B. 很少如此　　C. 有时如此
D. 经常如此　　E. 总是如此

16. 整天学习，我感到压力很大　（　　）
A. 从未如此　　B. 很少如此　　C. 有时如此
D. 经常如此　　E. 总是如此

17. 现在的学习使我产生挫折感　（　　）
A. 从未如此　　B. 很少如此　　C. 有时如此
D. 经常如此　　E. 总是如此

18. 每天早晨一想到自己的学习，我就感到无精打采　（　　）
A. 从未如此　　B. 很少如此　　C. 有时如此

D. 经常如此　　E. 总是如此

19. 我常因学习而受到老师的指责、同学的议论　（　）

A. 从未如此　　B. 很少如此　　C. 有时如此

D. 经常如此　　E. 总是如此

20. 我常想等到大学毕业就再也不用学习了　（　）

A. 从未如此　　B. 很少如此　　C. 有时如此

D. 经常如此　　E. 总是如此

测试评估：

选A得5分、选B得4分、选C得3分、选D得2分、选E得1分。如果你的分数在：

80分以上：你对于学习的看法认识很全面，也很积极，目前的学习状态也很好，继续保持。

50~80分：你对于学习的看法存在一定的问题，目前的学习状态也不是很好，希望你能及时调整。

0~50分：你对于学习的看法存在非常严重的错误认识，并且目前的学习状态很不好，希望你重视目前的状况，可以向老师或同学寻求帮助。

二、学习到底是个什么玩艺儿？——重新认识学习

前面已经讲过学习的目的、方式、狭义学习、广义学习等，也谈到了对于学习的看法与认识，那么现在请你理一下自己的思路，回答一个问题：什么是学习？想必你的头脑中是零零散散的点子，不知

道能不能拼成一个漂亮的答案。对于学习，没有固定的答案，没有严格的界限，只是我们在长期的学习生活中养成的一种潜意识的认识。

我国著名心理学家潘菽对学习下了这样的定义：人的学习是在社会实践中，以语言为中介，自觉地、积极主动地掌握社会和个体的经验的过程。

这个定义说明，人类的学习需要个人的自觉行动，积极参与，主动获取；吸收的内容可以是知识，可以是技能，也可以是智慧；学习的范围既可以是整个社会，也可以是某个个体。如果不自觉、不主动、不积极，我们就难以产生学习的行为，或者是产生了学习的行为但是没有足够的动力坚持下去。学习是一种会使我们更快乐、生活质量更好、更有自尊、对社会贡献更大的一种素质提高过程。学习的范围囊括了生活在社会上的技能、知识，也包括使人类进步的科学技术。

每一个人学习的目的可能都不尽相同，毛泽东小时候一心一意渴望外出求学，但他的父亲想让他帮助自己家开米店。毛泽东说服他的母亲，并动员所有亲戚都来做他父亲的工作，结果得到了父亲的同意，在毛泽东离开家的时候，他用特殊的方式与自己的父亲告别：他将日本人西乡隆盛的一首诗进行改写，抄在一张纸上："孩儿立志出乡关，学不成名誓不还。埋骨何须桑梓地，人生无处不青山。"毛泽东后来到了北京大学图书馆，当时的北京大学是中国先进思想最活跃的地方，有人作了不太雅观但又十分贴切的比喻：说当时的毛泽东就像一头牛闯进了菜园子一样，可口的东西多着呢！毛泽东如饥似渴地学习，完成了他从一个激进的民主主义者到马克思主义者的转变。对于毛泽东来说，他学习是为了实现自己内心的需要，让他实现自己的人生价值，学习让毛泽东有机会拯救了整个中国。

周恩来年轻的时候也有一首诗，是他在东渡日本求学时写给朋友的："大江歌罢掉头东，邃密群科济世穷。十年面壁图破壁，难酬蹈海亦英雄"。为了重整祖国破败的河山，要"邃密群科"，刻苦读书，即使献出自己的生命也在所不惜。

作为新时代的大学生，有必要审视一下自己的学习观念，学习是不能太功利主义的，学习其实是一种自我内心的需要，只有通过不断地学习，才会变得充实。我们应该让自己养成正确的学习观念，不要让狭隘的思想阻碍了自己前进的脚步，只有跳出为"学习"而学习的小圈子，才可以轻松地应对大学的学习生活。

三、"活到老，学到老"——社会人的学习观

作为一名大学生，学习生活的方向是步入社会，成为一名社会人；而社会人的学习观无疑是我们学习的方向。社会人，要做的第一步就是适应社会，学会在社会中生存。习惯了在校园中学习生活的我们，要意识到学校中的学习生活方式不是我们学习的最终结果，大学只是实现我们由学校向社会过渡的最重要的阶段。

拿破仑·希尔曾讲过这样一个故事，很有启发。

塞尔玛陪伴丈夫驻扎在一个沙漠的陆军基地里。丈夫奉命到沙漠里去演习，她一个人留在陆军的小铁皮房子里，天气热得受不了——在仙人掌的阴影下也有125华氏度［摄氏温度C与华氏温度F之间的换算关系为$F=(9/5)C+32$或$C=(5/9)(F-32)$］。她没有人可聊天，身边只有墨西哥人和印第安人，而他们不会说英语。她非常难过，于是就写信给父母，说要丢开一切回家去。她父亲的回信只有两行，这两行信却永远留在她心中，完全改变了她的生活：

"两个人从牢中的铁窗望出去。一个看到泥土，一个却看到了星星。"

塞尔玛一再读这封信，觉得非常惭愧。她决定要在沙漠中找到星星。塞尔玛开始和当地人交朋友，他们的反应使她非常惊奇，她对他们的纺织、陶器表示兴趣，他们就把最喜欢但舍不得卖给观光客人的纺织品和陶器送给了她。塞尔玛研究那些引人入迷的仙人掌和各种沙漠植物，又学习了有关土拨鼠的知识。她观看沙漠日落，还寻找海螺壳，这些海螺壳是几万年前，这沙漠还是海洋时就已经存在的。她开始学习墨西哥语和印第安语，并很快交到了几个很聊得来的朋友。原来难以忍受的环境变成了令人兴奋、留连忘返的奇景。

社会人往往面临着比较复杂的社会环境，他们需要学习的东西更多，学习的方式方法更多，需要承担的角色也更多，正如文中的塞尔玛，她处在一个完全陌生的环境中，条件艰苦。这时，为了更好地生存下去，她就要改变心态，学习新的语言、学习与人交往、学习地理和生物等方面的知识。正因为有了这样的学习态度，她的生活也发生了重大的改变。

作为一个社会人，身处的环境，肩负的使命，学习的目的与大学生都有极大的不同，因而两者的学习观也有较大的区别。社会人的学习观念远远比中学阶段的学习更为辛苦和复杂，刚刚步入大学的同学，刚刚从简单的学习生活中摆脱出来，马上就要进入更复杂的学习生活了，而且这种学习至死方息，伴随终生。

大家经常可以看到一个现象，很多在校的大学生在上学期间去做兼职赚钱。这是为什么呢？不是所有做兼职的学生家庭经济条件都不好，而是因为有些人觉得在学校没有意思。对于这部分人，我常希望他们仔细想想看，这样做值得吗？很多社会人在社会上工作一段时间以后尚且会放下工作任务，回到学校进修，以补充自己的知识，而对于在学校中有各种便利条件专门学习的学生，那么早想着到社会上赚钱，是一个特别可取的做法吗？课上的学习任务仅仅是大学学习的一小部分，还有许多学习要进行，社会的学习、人生的学习值得我们终身去努力，如果我们能把大学校园中的时间充分利用，大学就过得很有意义了。

四、入学时的菜鸟，毕业时的牛人——谈谈大学生的学习观

大学学习是人一生中很重要的学习阶段，这段学习生活不仅具有一般人学习的一般特点，还有学校学习的特殊特点。大学学习的特点反映着大学学习的特殊规律。

低年级的大学生，刚刚来到大学，随着学习的增多，以及对社会需求了解的增多，会对自己的大学生活更加了解。明了大学的学习特点和规律，对于树立正确的学习观是十分必要的。大学生学习观其实还没有形成固定的模式，有这么几种错误的大学学习观，主要表现为：

（1）学习动机受市场需求和家庭期望影响较大，学生本人很少反思。因此，学习中只注重知识技能的学习，而忽视价值与道德的学习；只注重科学技术的学习，而忽视人文社科的学习。

（2）学习的目的和目标注重实用、实惠、缺乏远大理想。大学数学生认为学习是为了找一份好工作，表现出了学习观赏的狭窄性。对学习的本身如满足求知欲，自我提高、自我发展、自我完善关注度不够。

（3）学习态度不够端正，应试倾向明显。学习只为应付考试，缺乏应有的积极性、主动性；在学习方式上习惯以个人为主，缺少课堂学习互动，主动参与程度低，学习兴趣不浓，表现出被动学习状态。

（4）注重课本知识学习，忽视做事、做人、生存与发展的学习。表现在很多人不会处理与同学、老师之间的关系，由此带来了许多心理问题。

（5）缺乏培养多方面能力的主动性，较少参加社会实践。只有少部分学生主动参加课外培训，大多数学生缺乏行动的积极性，不愿意参加各种社会活动。

（6）自我认识水平有限，学习心态喜忧参半。

（7）在眼前利益与长远利益发展问题上，存在着功利主义倾向。一方面渴望学习和考虑个人发展，另一方面又特别关注个人发展的物质报酬，把学习看成是赚钱的门路。

大学生应有正确学习观，其方法是向社会人的学习观学习，只有发现自己在学习观念中出现的问题并及时的改正，才会取得长足的进步。

小X是北京市某重点高校的学生，她在上大学的时候明显的与其他同学不一样，当别的同学起早贪黑地背诵英语单词准备英语考试的时候，她只是频繁的出没于学校留学生的公寓，和英、美国的留学生做朋友。周末她常带着留学生朋友旅游，自愿担任翻译，结果，同样的时间，她的英语学习成绩竟比同学要高很多。

小X的专业课程——生物制药学得非常好，但是学了两年以后，她发现自己感兴趣的并不是自己的本专业，而是法律，于是她利用自己的课余时间通过了司法考试，顺利地考上了法律专业的研究生。

小X在大学期间还喜欢泡图书馆，看各种各样的课外读物，因为她的知识面很广，能从多个角度分析一个问题，老师非常喜欢她。

在她的同学眼中，小X学习得非常轻松，不用刻意地记忆背诵，不用刻意地起早贪黑，而是在一种很轻松很自然的状态下学习的，而那些整天刻苦学习担心自己学习成绩的学生，反而不如小X。

大学很短，几年之后大学生就要走出大学步入社会，在学校中积累的这些学习观念和学习能力将会长久的影响以后的生活。对很多的同学来说，大学是最后的校园，只有珍惜时间，学得有意义有效果，才能为步入社会打下坚实的基础。

第二章

七色彩虹，绚烂多姿

——融入大学生活

每个人都不甘于平庸、贫穷、无知与被忽视，我们愿意付出努力来改变自己的命运，于是经历十年寒窗，迈入大学校门；于是追逐梦想无限，斗志昂扬读大学。但是，刚刚步入大学生活的大学生们，对大学还有些懵懂，还有些迷惑，究竟大学是什么？在大学应该学习什么？这是摆在每个大学新生面前的疑问。

有人说，大学是缩小版社会，能见识到各种人各种事；也有人说，大学是自由的摇篮，也是自由的终结；有人说，大学是穷人家孩子改变命运的机会；也有人说大学是中学的后代，继承一批仍不会工作的大龄中学生……

大学或者说大学生活究竟是什么样的呢？让我们一起通过本章了解大学，了解大学生活。

第一节　上大学来学什么？

有人说，大学应该是“充电场”，身处其中应该不断地帮自己充电，让自己的知识、能力在大学中不断地增多、增强，而并非浑浑噩噩过日子，让自己在放纵中不停“漏电”。大学应该是“飞机场”，我们如一架架飞机停在此处，我们在这里努力地完善自己，以便将来能够顺利地起飞，在“社会”这片天空中自由翱翔，尽量避免因缺油和故障的出现来影响我们的今后人生。

那么，大学要学哪些东西呢？

一、做事之前先做人——基本素质的学习

小A是07级高中应届文科毕业生，高考发挥不理想，报考了北京的一所理工科学校的英语专业。由于高考的失利，小A进入大学后整

天闷闷不乐，觉得大学不够大，图书馆不够气派，宿舍条件不够好，对大学很不满意。她看到身边其他同学都积极参加学校各种活动，觉得很没追求，于是不爱与同学一起交流，不参加任何体育锻炼，整日埋头学习课本知识，想通过考研改变自己的境遇。但是，孤独的学习生活十分难熬，加之身体素质也跟不上，经常生病，学习总是一曝十寒。就这样，浑浑噩噩的临近考研，小A坚持报考梦想中的大学，但是，小A的成绩远远达不到梦想大学的分数线。

她不甘心，又复习了一年，结果由于缺乏与研友交流，竟然不知道考试题型发生了重要改变，再一次名落孙山。

后来，小A试图在北京找工作，但是由于不善与人沟通，不懂如何与人协作，达不到用人单位的要求，最后小A不得不回到了自己的家乡，依靠父母的力量找了一份工作，就这样结束了她的求学之路。

小A的例子着实让人无奈，让人心痛，但不可否认，现实中有很多大学生朋友会有和小A同样的想法，同样的感受，同样的遭遇。

也许，大学不如想象中高楼林立，不如想象中现代发达，不如想象中豪华气派，不如想象中风景如画，但是大学并不是一个由各种你所看到的元素拼凑的简单组合。大学的内涵不应由外在的硬件设施来绝对定义。的确，优越的硬件设施能够给学习和生活带来积极的影响，但这种影响应该是有限的。即便有雄伟的教学楼，没有吸引学生的课堂，没有刻苦钻研的学生，再明亮的教室再崭新的座椅又能怎样？即便有舒适的宿舍，没有和睦的舍友关系，只有天天宅在寝室上网看剧集的学生，条件再好又有什么用？也许你会想，抛开外在条件，我就是不满意这个大学，我就是想上一个更好的学校，大学就是我的跳板，我要像小A那样苦学知识考研，又有何不对。诚然，每个人都不甘于平庸、无知、贫穷与被忽视，都想通过自己的努力改变自己的命运。但是，大学难道和高中一样吗？高中埋头苦学只为高考，大学是埋头苦学只为考研吗？进入大学终于放下高考的重担，第一次开始追逐自己的兴趣、理想；进入大学离开家庭生活，第一次独立参与团体和社会生活。这时你不再单纯地学习或背诵书本上的理论知识，第一次有机会在学习理论的同时亲身实践。这是你第一次不再由父母安排生活和学习中的一切，而是有足够的自由去处置生活和学习中遇到的各类问题，支配所有属于自己的时间。如果仅仅学习课本知识，就不仅仅是浪费了大学的资源，更是浪费了自己最宝贵的青春。

大学几乎是一生中最后一次系统性地接受全方位的素质教育的地方，也几乎是最后一次可以将大段时间用于学习的人生阶段，更几乎是最后一次集中精力充实自我的成长历程。大学是相对宽容的，是可以置身其中学习为人处世之道的理想环境。从小A的故事中，我们发现，小A在埋头苦学课本知识的过程中，忽略了其他素质的养成，比如身体素质的锻炼，与人沟通团结协作的能力的培养等，这些都是当代社会所必需的，缺少就会被社会所淘汰。大学正是我们提高综合素质的关键时期。因此，大学生不仅要学习知识，更要提高综合素质。

还有一个例子。一家公司举行全国招聘，小B并不是那种特别优秀的人，二本院校毕业，普通的外貌，简单的履历，面试官认定她就是一个简单普通的大学生。面试官摇摇头，对她说："好吧，谢谢你来我们公司应聘，面试结果将在两天内揭晓，请等通知。"不过，面试官清楚地知道，这个通知是不可能有的，小B也没有说什么，道了声"谢谢"便起身准备离去。当她从椅子上站起来时，手指不小心被椅子上跳出来的钉子划了一下。望着小B，面试官忽然记起来，椅子上这颗钉子已经跳出来好多天了，昨天也有人来面试被刺过，还在面试官想表示歉意的时候，小B已经拿起桌子上的镇纸，把跳出来的钉子砸了回去。之后，她直起腰来，歉意地对面试官笑了笑，道了声“再见”。两天后，小B得到通知，她被录用了。

不难想象，小B并不是所有应聘者中最优秀的，也并不是最胜任公司工作的，但就在她拿起镇纸石把钉子砸下去的那一刻，面试官决定将她留下，因为小B的责任心的确令面试官欣赏，他们相信把工作交给小B这样的人会很放心。

其实，大学里有很多人可以教给我们知识和道理，但没有人也没有课可以教给我们如何做一个负责任的人，任何高深的知识到头来都没有人品重要。所以有人说，满腹经纶不如宅心仁厚。

在现代社会的竞争中，只有抱着平和积极诚信的心态，才能体验到竞争的快乐，才能得到别人对你的认可，才能收获大家的尊重，才能赢得更多的朋友。一个钉子，一件小事，做到其实并不难，从点滴做起，从细微做起，从自身做起，做事之前先学会做人。

大学是人生的关键阶段。在这个阶段里，所有大学生都应当认真把握每一个“第一次”，让它们成为未来人生道路的基石；在这个阶段里，所有大学生应该珍惜每一个“最后一次”，不要让自己在不远的将来追悔莫及。在大学四年里，大家应该努力为自己编织生活梦想，明确奋斗方向，奠定事业基础

二、“一招鲜，吃遍天”——专业知识的学习

大学是研究学问的地方，在进入大学之际，我们面临这样的疑问：社会需要的究竟是专才还是通才？十个百分之十和一个百分之百，究竟哪一个在社会上更受欢迎？在回答这一问题之前，先看一下某公司人力资源张先生的一次经历：

“我曾经面试过一个美术系的毕业生，她应聘的职位是美工。因为她有过同行业的工作经验，而且是一个非常美丽可爱的女孩子，所以我在跟她交谈不到5分钟的时候就准备聘用她了。但出于招聘的起码原则，我要求看她的作品。她给了我一个U盘，里面有很多非常精美的设计作品。但是，尽管我是外行，我还是能感觉出那些作品风格不大统一，于是我让她当场给我设计一个宣传单张。本来我这样做只是为了万无一失，但她的表现却让我非常失望。她用了很长的时间才完成，并且设计的作品比较粗糙，距离工作的专业性要求还有一段距离。

我向她表示了我的遗憾。她难过地对我说：“我承认我不是一个非常优秀的美工，但是我有过同行业的工作经验，除了做美工，我还可以参与产品的策划，而且我文笔也不错，适当分担文案的工作也没有问题。”我问道：“那你能够胜任产品策划或者文案的工作吗？”她看着我，摇了摇头。我能感觉到，迷茫和怅惘正从她的眼中轻轻地拂过。如果她有任何一个方面的专长，我都会聘用她。可是，我拿着她这个萝卜实在不知道该放进哪一个坑。”

在用人单位的眼中，十个百分之十并不是百分之百，而是零。经济和科技的发展导致社会分工越来越细，人也因此而越来越“退化”成一个工具。写字楼里的白领虽然看上去并不是在机器轰鸣的流水线上工作，但他们却照样被精细的社会分工定格在非常有限的工作领域里。做产品的往往没有机会接触市场，做市场的则很难知道产品的策划和推广，做技术的更难有机会接触到技术以外的工作。在部门内部仍然存在细致的分工，做产品的可能只局限于某一类产品，并且只负责前期策划、品牌包装或其他某一个环节。在这样一个跟流水线毫无区别的工作环境中，衡量一个人的工作能力，最首要的只可能是他能否出色地完成自己的本职工作。一个美工就算没有任何文字功底，而且对于音律一窍不通，只要他能够做出非常精美的设计方案，他就绝对是一个优秀的美工。相反，就算一个美工既能帮文案写点文章，又能帮音乐制作人编些铃声，但如果他设计的图片不够专业，那他就只能收拾东西走人。

知识是形成素质的基础，高素质人才必然有扎实的专业基础，一个人只有具备了融会贯通、主次分明的综合知识结构，才能透彻地研究高深学问。术业有专攻，没有较高的专业水平，或者说自己的专业都没学好，怎么能称得上是“真材实料”呢？所以，当好大学生，必须关注本学科，充分利用学校图书馆、资料室、信息网络等手段及时充电学习，跟踪科技动态，把握学术前沿，做专业里的专家，这样才能跟上科学技术发展的步伐，紧贴现实社会的需要。

三、你不是一个人在战斗——社会规则的学习

从前，吐谷浑国的国王有20个儿子。他这20个儿子个个都很有本领，难分上下。可是他们自恃本领高强，都不把别人放在眼里，认为只有自己最有才能。平时20个儿子常常明争暗斗，见面就互相讥讽，在背后也总爱说对方的坏话。国王见到儿子们这种互不相容的情况，很是担心，他明白敌人很容易利用这种不睦的局面来各个击破，那样一来国家的安危就悬于一线了。

老国王一天天老了。有一天，久病在床的国王预感到死神就要降临了，他终于有了主意。他把儿子们召集到病榻跟前，吩咐他们说："你们每个人都放一支箭在地上。"儿子们不知何故，但还是照办了。于是国王叫来一个仆人，让他折断一支箭，仆人轻轻松松就办到了。国王又让仆人把剩下十九只箭放在一起折断。仆人用尽力气也不得成功。国王挥手叫仆人下去，转身对他的儿子说："个人的力量是有限的，没有人可以孤立地生活。一支箭很容易被折断，而一个众志成城的团体是无坚不摧的，你们决定着这个国家未来的命运，慎重地做出自己的选择吧。"说罢，老国王溘然长逝。20个兄弟终于明白了父亲的用心良苦，他们改过自新，兄弟合心，最终使吐谷浑国繁荣昌盛、威名远扬。

这是一个很古老的故事，却在今下被时代赋予了新的内涵。比如说，高考是一架独木桥，能通过的必然是骁勇善战的勇士，大学生以其独有的优越性成为了社会的宠儿。但千万不要盲目自大，孤芳自赏。自身优秀就足矣吗？万千社会的姹紫嫣红与你无半点关系吗？所谓"社会"，是指生活在一个共同的地域中，说同一种语言，有共同的风俗习惯和文化传统的人类共同体。人是社会的动物，为什么这么说？这是因为，从人类存在的第一天起，就必须共同地与自然力进行斗争，人要迫使自然界服从于自己的目的，要支配和改造自然界，这样的任务显然不是任何单个人所能完成的，所以，人必须团结在一起。只要人不想如鲁滨逊那样在荒岛上一个人漂流，就必须依赖于整个社会的发展和繁荣。

很多大学生无端生出一种"天上地下，唯我独尊"的架势，这是对社会理解不深的表现。其实，大学里并不少见这样的同学，他们或自大或狂傲，不屑于与同学交往，甚至对老师嗤之以鼻，陷在自己

华丽的幻境中，根本就不记得个人的舞台背后还有着社会这个大背景。其实，人类的哪一个成就不是社会的产物？伟大的个人哪个不是站在前人的肩上？

大学生来到大学，要学习社会规则。社会规则是什么？说白了，就是人们在这个社会里必须遵从的习惯和规矩。而这些规则是历史的积淀，是大多数人们冷静的选择。

正因为人不能孤立于社会，所以，作为当代大学生，就必须心怀天下，主动去适应社会。年轻的心灵都向往着成功的彼岸，但千万别忘了你搭乘的是一条社会之船。

四、管他风吹雨打，胜似闲庭信步——最特殊的学习：心理锻炼

大学生经过努力的拼搏和激烈的竞争，告别了中学时代，跨入了大学，进入了一个新的学习生活天地。上大学前，也许想象中的大学犹如“天堂”一般，浪漫奇特，美妙无比。上大学后，紧张的学习，严格的纪律，简朴的生活环境，真实的大学生活有时让人难以适应。

小L是电影学院导演系的研究生，个子高高的，长得很帅，但几年的大学生活让他形成了一个很悲观的想法：做导演需要出名，而真正出名的导演又有几个呢？自己家是外地的，从本科到研究生一路走来已经太辛苦了，每天还要协调各方面的关系，什么时候能熬出来？这种压力压得他喘不过气，最终，他办理了退学手续。学校的老师、同学无不为他惋惜。

和小L一样，大学生现在都面临着压力过大，心理的落差过大的问题，整个社会发展速度极快，让小L这样的大学生从上学起就对毕业后的就业问题充满焦虑。有的学生有一种为家长读书的想法，想的

是将来要怎样报答家长，有的是给自己定了一个不太符合实际的目标，非要达到。最终，他们产生很大的心理落差，有些人甚至心理完全失衡。

在大学的学习生活中，难免会有不如意不顺心的时候，这就需要适当地自我减压，找准自己的位置，正确认识和评价自己。无论怎样，知足常乐，不要好高骛远，要脚踏实地一步步走好自己的路，不为模糊不清的未来担忧，只为清清楚楚的现在努力。

我们再来看看小E的例子。小E来自偏远山区，从小天赋异禀，成绩非常优秀，终于考入某名牌大学。到了学校，与来自全国各地的同学在一起，他突然产生强烈的自卑感。他不太会使用计算机，不懂足球和网络游戏，英语发音不纯正。更可怕的是，第一学年自己放弃了很多其他的活动，非常认真地学习，可是成绩平平，连奖学金也没拿到。小E十分自卑，丧失了学习的希望，终日不知该做什么，十分迷茫。

许多大学生在入学前，都是当地的学习尖子、老师家长的宠儿、同学朋友心目中的榜样，自我感觉良好。但进入大学后，跻身于这个集中了各地优等生的新群体中，只有少数人才是宠儿。能否接受“自己是平凡一员”这一事实，是摆在每个大学生面前的问题。事实上，你是大学学子，足以证明你的优秀。大学生作为同龄人中的佼佼者，容易把未来设计得过于完美。面对压力和挫折，逃避解决不了问题，颓废和苦闷改变不了现状，玩乐和放纵只能麻痹自己，却隐藏不了我们追求美好生活的心灵。所以，在客观现实面前，应该及时调整自身的认识，重新树立起自己的人生目标，使之符合客观现实的要求。知足者常乐，与其郁闷于理想和现实的差距，不如开开心心享受自己应该过的生活。

素质拓展

（1）你骑车闯红灯，被警察叫住；后者知道你急着要赶路，却故意拖延时间，这时你____

a. 急得满头大汗，不知怎么办才好

b. 十分友好地、平静地向警察道歉

c. 听之任之，不作任何解释

（2）在朋友的婚礼上，你未料到会被邀请发言，在毫无准备的情况下，你____

a. 双手发抖，结结巴巴说不出话来

b. 感到很荣幸，简短地讲几句

c. 很平淡地谢绝了

（3）你在餐馆刚用过餐，服务员来结账，你忽然发现身上带的钱不够，此刻，你会____

a. 感到很窘迫，脸发红

b. 自嘲一下，马上对服务员实话实说

c. 在身上东摸西摸，拖延时间

（4）假如你乘坐公共汽车时忘了买票，被人查到，你的反应是____

a. 尴尬，出冷汗

b. 冷静，不慌不忙，接受处理

c. 强作微笑

（5）你独自一人被关在电梯内出不来，你会____

a. 脸色发白，恐慌不安

b.想方设法自己出去

c.耐心地等待救援

（6）有人像老朋友似的向你打招呼，但你一点也记不起他（她）是谁，此时你____

a.装作没听见似的不答理

b.直率地承认自己记不起来了

c.朝他（她）瞪瞪眼，一言不发

（7）你从超市里走出来，忽然意识到你拿着忘记付款的商品，此时一个很像保安人员的人朝你走过来，你会怎么办？

a.心怦怦跳，惊慌失措

b.诚实、友好地主动向他解释

c.迅速回转身去补付款

（8）假设你从国外回来，行李中携带了超过规定的烟酒数量，海关官员要求你打开提箱检查，这时你会____

a.感到害怕，两手发抖

b.泰然自若，听凭检查

c.与海关官员争辩，拒绝检查

选a得0分，选b得5分，选c得2分。

①（0～25分）你承受压力的心理素质比较差，很容易失去心理平衡，变得窘促不安，甚至惊慌失措。

②（25～32分）你的心理素质比较强，性情还算比较稳定，遇事一般不会十分惊慌，但有时往往采取消极应付的态度。

③（32～40分）你的心理素质很好，几乎没有令你感到尴尬的事，尽管偶尔会失去控制，但总体来说，你的应变能力很强，是一个能经常保持镇静，从容不迫的人。

五、有限的时间，无限的知识——学习与选择

小H高考失利，考入的大学并不理想。他曾经一心想着考研究生，准备读完博士找所大学教书，安安稳稳地过日子。为此，他每天都背着厚厚的考研辅导资料去图书馆自习。大三的时候他的学长留学美国，做了一次讲座，又使他改变了想法，觉得厌倦了中国大学的体制，想走出去看一看。大四的时候，他突然觉得考公务员更有意思，而且家庭经济可能负担不起自己出国，于是转而考公务员去了。在政府机关工作一年以后，他发现自己确实不适合在官场发展，便辞职来了深圳。此后他又陆续换了几份工作，至今仍然一事无成。

大学生活丰富多彩，诱惑也非常多，如何合理安排自己的学习工作生活和娱乐，如何在各种利益和出路中选择，是摆在大学生朋友面前的一道难题。我们可以从最简单的问题“学习是为了什么”入手。这个问题看似简单，实际上非常重要。如果没有良好的学习动机，不明白做事的目的，就很难产生强大的内驱力。现在，让我们从下面列出的“学习到底是想要得到什么”结果中挑选一个适合自己的选项：

A. 希望享受学习的乐趣。

B. 希望通晓我的工作。

C. 希望通过……的考试。

D. 希望我的学习与我的工作更紧密地联系起来。

E. 我希望得到更好的工作以使生活更好一些。

如果选择了目的A和B，你就已经找出了一些对你来说很重要的东西。如果选了目的C、D和E，那可能还需要在今后把目标定得再具体一些。

大学里，有这样一个群体：“寄托”一族。所谓“寄”“托”，就是GRE和TOEFL，留美读研的必经的两道坎。有些大学生一直有着出国梦想，也有的是看到了身边同学实现了出国梦，也想尝试走出去。但这里面有一个根本问题：我为什么要出国？我们在父母的安排下从小学一路上到高中，又从高中“随着大流”进入了大学——而作为一个大学生，我们还要那么简单地随波逐流吗？

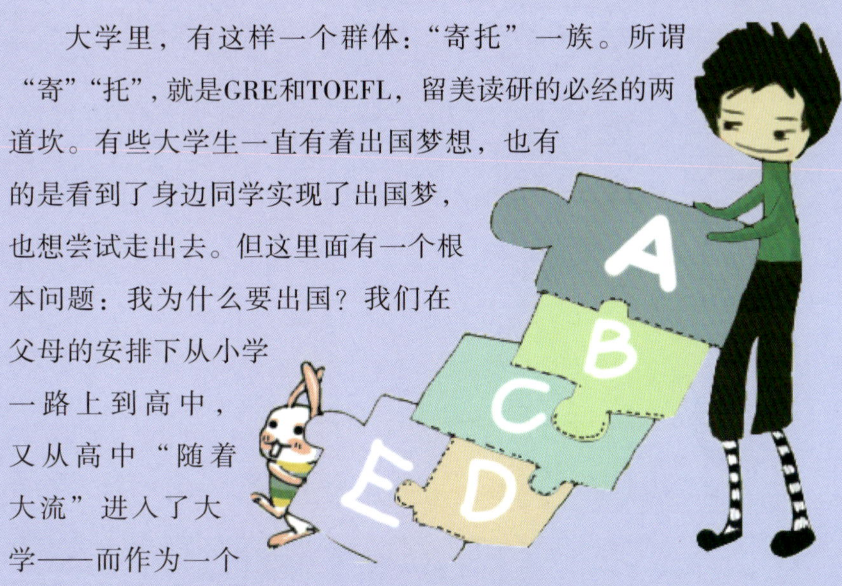

大学生应当学会自己独立地思考和判断。这个世界有“最好”的出路吗？如果有，能证明它是最好的吗？如果没有最好，恐怕就只有最适合了。所以，好好考虑一下自己的爱好和特长，选择一条最适合自己发展的道路才是最实在的。

要想走更远的路，既要马不停蹄地赶路，又要尽量不走弯路。为了不走弯路，一开始就要明确自己的目标，并且矢志不渝地朝着这个目标前进。不思进取、自甘堕落的人我们或许会“怒其不争”，而自强不息、勤奋刻苦的人如果因为走了太多的弯路而最终一无所获，我们更加会“哀其不幸”。

人生就是一串困难的选择，当我们走过人生的旅程，身后留下来的就是我们选择的结果。如果选择得好，我们会感到快乐和成功，会觉得自己对他人、对世界产生了正面的影响。当碰到人生重要的选择时，请遵循以下的做事三原则：有勇气来改变可以改变的事情，有胸怀来接受不可改变的事情，有智慧来分辨两者的不同。

第二节　基本素质包括什么?

一、“皇天无亲，唯德是辅”——养成良好的品德

1. 做自己想做的事，做自己认为对的事——独立和良知

在任何一所大学里，都有一群为了考证而奔波的人。你会发现在多数学生都在为四六级奔波的同时，有很多文科专业的同学在准备计算机方面的考试，如国内通行的全国计算机等级考试；且所有专业都有在外语方面大力拼搏的人，英美两大权威考试机构——美国教育考试服务处（ETS）和剑桥大学考试委员会（UCLES）的外语考试部（ESOL）就提供了不计其数的普通、职业或学术英语考试。更别忘了，除了英语之外，日语、法语、德语等各种小语种都有一群人在追逐着……

如果你在一片考证的浪潮中无动于衷，你会有些不踏实；也许你看到大家为考证而日不能食夜不能寐时也会随大流。小孙是一名法律系的本科生，在同学纷纷准备计算机二级考试、会计从业资格考试、司法考试、商务英语考试、各类公务员考试的时候，他扎扎实实地在学习法律基本课程，在大家焦灼于考过与没考过时，或是在大家疲于应对结课论文时，小孙的物权法的论文已被推荐参加“挑战杯”大学生科技竞赛，获得了文科类的银奖。在谈及为什么大家都考证忙而应付作业，他却只是读书时，他说：“人各有志，关键看自己选什

么路。随波逐流不仅浪费时间，更可怕的是会让自己迷失方向。学术独立对于大学来讲是生命线，因而对于大学生是十分重要的。大学不是技校，不是用各种证书就可以标价大学的价值，大学不是名利场，不能用功利主义的思想衡量做与不做。……对于各种证，不妨先通过师兄师姐和同学了解一下本专业各种可能的发展出路和需要参加的各种考试，然后自己上网去查相关的具体资料，按照自己的需求有目的地选择，一定不要'随大流'"。小孙坚定地走学术路，踏踏实实地学习，而非功利地考取各类证件，不仅是他对学习的深刻领悟，也是他能独立思考的表现。

2. 不说谎，不偏私——诚实和公正

成为大学生，意味着半只脚已经开始迈入社会，人际关系和各种交涉成为生活中不可回避的一部分。所以，大学生要更加明白这样的道理——人与人之间，贵在真诚和坦荡，与之背道而驰则是欺骗、弄虚作假和徇私舞弊。

个人品质是体现当代大学生综合素质的一面镜子。在大学，学习的不仅是知识，还有如何做人处世。

诚实守信、公平公正，是大学生应该坚持的做人原则。在我们的身边，有这样一些同学，他们凡事模棱两可、缺乏立场，他们羡慕那些"说谎专业户"，因为他们"撒谎不眨眼的功夫非一般了得"。殊不知，这种想法是不正确的，"说谎"不是什么好本事，不过是要聪明的小伎俩，迟早会被人识破。长此以往，失去的不单是别人对自己的信任，还有自己做人的本钱。大学里，有很多征求民意，竞选任职等活动，这类场合，是考验个人定力和品质的时候。如果能保持不

受来自各方面的诱惑和私人关系的干扰，说真话，做实事，公正、公平，则是很大的成就。

梁华在中学阶段一直担任班干，上大学以后，好胜心强的他铁了心的要当班长。于是，从得知要竞选班委的那天起，梁华就开始不停地琢磨，不管用什么办法，自己也要当上这个班长。然而，大学人才济济，哪那么容易？可梁华才不管自己是不是够格，看上去学生气十足的他，心里早已经打好了小算盘。梁华在家时就对大人们官场上的“礼尚往来”略知一二，早就参透了“有人好办事”这条“世道”的含义。于是，他仔细分析了班内的局势，给自己制订了满含水分的竞选计划。基于大家都是新生，彼此没有多少了解，梁华先是狠心掏出自己的生活费，把不是竞争对手的一些同学宴请了一遍，饭局上就说了一句话“兄弟我这个班长，就靠大家了”，大家也都心知肚明，达成默契。其次，在竞选当天，为了博得更多同学的信任，梁华夸大了自己的工作经历，以前没当过的职务也大张旗鼓的安在了自己头上，宣称自己简直是全能，干什么都在行。

竞选演讲结束后，开始投票了。单纯的同学们看到梁华的“光辉历史”，都觉得他很优秀，认为他能胜任班长一职。另外加上之前的“饭局情结”，大部分同学更是跟梁华“心照不宣”，几乎默认了梁华这个班长。于是，还没到“唱票”环节，义气十足的哥们等不及了，开始大嚷“梁华！班长！梁华！班长！”。

坐在一边的导员纳闷了，大家的反映怎么这么强烈？于是，导员让大家安静，询问大家为何如此肯定梁华。吃过“晚宴”的同学傻了眼，不知如何应答是好。在导员的再三探问下，梁华的计策露出了尾巴，同学们承认了支持他的原因。而梁华曾经的同学，此时也站出来，证明梁华的演讲里对自己的工作经历进行了夸大。到此，梁华的

“班长梦”破碎了。

现在我们重头来看：在演讲时候，为了博得大家的好感和认同，梁华夸大了自己的工作经历，显然，他没有真诚坦荡的面对同学，只是用谎言欺骗在家，这是第一个错误。其次，梁华为了得到较多的票数，下血本请同学吃饭，这是可耻的贿赂行为，是第二个错误。其三，就梁华的哥们来说，讲义气也不该是这样的帮助，他们在投票时徇私舞弊，看重私人关系，没有认真地判断各竞选人的真实能力和水平，只是一味的认定了梁华就要当班长，更是一种缺乏责任的表现。

通过该事例，我们应该清楚地认识到，弄虚作假和徇私舞弊等行为是非常错误的。作为新时代的大学生，应树立端正、向上的人生观和价值观，不论在什么场合，都不因个人需求和一时利益改变自己的做人做事准则。诚实守信，坚持立场，公平公正，将永远是衡量个人品质的标尺。作为祖国未来的接班人，大学生一定要严格要求自己，心中牢记诚实和公正。在储备文化知识的同时，不忘健全人格和提升自身素养。学习、工作、生活中，凡事率先垂范，规范自我言行，使得自己真正成为合格的新一代大学生。

3. 我不同意你的意见，但我誓死捍卫你说话的权利——宽容和理解

“我不同意你的意见，但我誓死捍卫你说话的权利。”伏尔泰的这句哲言无论到什么时候都不会过时。

到了大学，摆脱了高负荷的学习压力，大学生普遍感到了自由的气息。但是，自由不是无界的，大家来自五湖四海，思维方式和想法有所不同，个性差异决定了矛盾不可避免。于是，当别人意见与你相左之时，宽容和理解就显得尤为重要了。

人在做事的时候，一般倾向于相信自己的方式是较优的。这就好比大家面前有好多路，谁也不知往哪里走，可每个人都希望别人试试自己说的那条路。但是，总把自己的想法放在别人的想法上却会让我们失去很多学习的机会。其实，多听听别人怎么说，别急着辩驳，能更好地进步。

小雨是独生女，家庭生活条件优越，但是，优越的环境铸成了她自傲、清高、孤僻的性格。在大学里，她几乎不与同学来往。有一天楼管老师检查卫生时，发现小雨的宿舍有大功率插座，便依规定将其没收。小雨表示，如果学校不让使用，她要把插座带回家中。经过再三争论，楼管员同意让小雨带走，但插座却一时找不到了。小雨非常生气，同楼管老师争吵起来。后来，插座找到了，小雨却拒不接受。楼管无奈，只好请小雨所在系部老师帮忙。等老师来到宿舍时，发现小雨竟又在气冲冲地与另一位楼管员争吵。

歌德说："人不能孤立地生活，他需要社会。"良好的人际关系，不仅能给人生带来快乐，而且能助人走向成功。而小雨这么咄咄逼人，不懂得理解与宽容他人，让她失去了很多朋友和机会。

理解和宽容是建立良好人际关系的基石，在相互宽容谅解中求得共同的发展和进步是一种良好的希冀。一个人只有具备了宽容的品质，才会懂得理解和尊重他人，才会有爱人之心，有容人之量，成为识大体、顾大局的人。当然，宽容有度，宽容不是纵容，我们对一些事也要讲理，但即使要讲理，也要晓之以理，注意别人的自尊和承受度，要让人体会到你对他的尊重。善待别人，其实就是善待自己，何乐而不为？

4. 心里有阳光，世界就美好——珍惜和感恩

“大学是人生最美好的时光。请珍惜大学里的一切，请感恩大学中的所有。”

“也许你们刚刚结识，还不习惯彼此带有家乡口音的普通话，还不习惯各自吃饭睡觉的作息时间，还不习惯天天学习生活都在一起；也许你们刚刚了解，还不知道是不是性格相仿，想法一致，是不是能聊得到一起去。但你有没有想过，有一天，当你再次打开宿舍的门，发现所有的床铺都是空的，床板上空空的，他们都走了，你以为这只是一次暑假，他们去去就回，可其实不是了，他们走了，各自奔前程，那些陪伴着你四年，你曾经烦他还在背后偷偷骂过的他，却在走了之后留给你一地悲伤。”

“四年里，我们一起军训、上课、逃课、吃饭、打水、洗澡、奋斗、堕落、卧谈、八卦，我们一起开心、失落、窃喜、不满、激动、崩溃、坚强、无奈、成长、成熟。现在，我们一起毕业，各自奔天涯。多么庆幸，曾有你们一起。这里，有我的青春起步；这里，有我的梦想起航。这里，有我至亲至爱的同学；这里，有我信任依赖的亲人。这里，是我放松休息的地方；这里，是我疯狂撒娇的营地。”

这是一位大学毕业了的学生写下的话语，字里行间中能感受到他对大学对同学的感恩之情。拥有一颗感恩的心，使你对世间的诸多事情改变看法，让你少一些怨天尤人。俗话说，滴水之恩，当涌泉相报。父母的养育之恩，领导的知遇之恩，同事、朋友间共同相处的缘分，不要等到失去了，才懂得珍惜。感恩，不要等到日久年深之后，要放在当下，感恩，不仅是一种心态，更是一种美德。

感恩的心

项目概述

感恩的心是一个流传已久的培训课程，对于在拓展基地或在野外过夜的拓展培训活动，晚饭后选择这个项目可以收获到意想不到的效果。

人数时间

人数按培训情况定，全体学员参加

项目完成时间：180分钟

场地器材

（1）设有障碍物的室内或室外场地，可以根据情况设定木梯、桌子、椅子、书、绳子等可利用的物品，如在室外可以选择花盆树木；

（2）设定的障碍物要采取走、绕、爬、钻过等方式才能通过，以增加难度；

（3）音响设备一套，感恩的心录音带、CD、VCD各一套；

（4）眼罩数量不少于学员人数的一半，活动文稿一套。

学习目的

（1）增加学员之间的交流，提高学员沟通能力；

（2）培养学员与学员之间，学员与企业之间的感情；

（3）获得以感恩的心情梳理自己记忆的机会。

布课过程

（1）所有人关上手机，现在我们全体一起做一个项目，全体学员分成人数相等的两队，面对面站立，最好将男女各分成一对；

（2）指定一组戴上眼罩，扮演盲人角色，另一组为哑人，活动结束前盲人不得摘下眼罩，哑人不得发出任何声音，以免让盲人同伴辨认出自己的身份；

（3）扮演哑人的同学领着蒙眼者通过一段设有障碍的路；

（4）要求引路的同伴只用身体接触作为引导；

（5）采用走、绕、爬、钻过等方式通过设定的障碍物；

（6）按照不同障碍区的要求引导者采用不同方式来引导队友。

安全监控

（1）障碍物设置明显，不要设置尖锐的障碍物；

（2）学员戴上眼罩后不要随意移动；

（3）带领员严禁有意加大难度或开玩笑；

（4）提醒学员摘下眼罩时先闭一会儿再慢慢睁开眼睛。

项目控制

（1）项目布置阶段：

① 布课时语言精练，重点突出，讲解清楚，及时反馈，确保学员了解任务要求；

② 要求所有学员关闭手机；

③ 路径选择、障碍难度设定要难易结合。

（2）项目挑战阶段：

① 盲人先进房间，哑人在门外等候，等待盲人全部戴好眼罩以后，哑人再进入房间，每人认领一位盲人，在拓展教师的带领下开始盲行；

② 房间灯光变暗，最好有烛光；

③ 盲行结束后，将盲人领进屋坐在一起，然后哑人坐在一起；

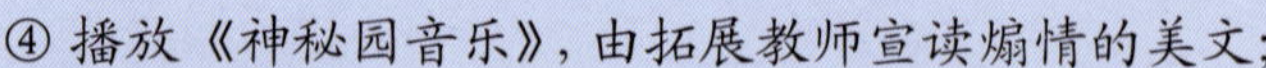

④ 播放《神秘园音乐》，由拓展教师宣读煽情的美文；

⑤ 注意室内温度，不要过于热，以免影响活动效果。

回顾总结

（1）首先请一位盲人学员。

（2）你想知道牵你手的人是谁吗？那么去那边把他找出来好吗？可以试着握一下每个人的手，那个人有什么特征？

（3）请牵这位学员手的哑人站出来一下，哑人谈一下自己感受。

（4）大家说他们是否应该拥抱一下，你们找个地方坐在一块。

（5）下面还有哪位盲人学员想说一下自己的感受？

（6）下面请所有的盲人朋友去找到牵过自己手的那位哑人朋友，然后你们坐在一起交流一下。

（7）好，大家安静一下，下面我们有一首手语歌曲，名字叫《感恩的心》。有请××老师教大家学一下，大家分开一点。

二、“千里之行，始于足下”——行为决定未来

涉及理想，人都不免动情，对于年轻气盛的大学生来说尤其如此。然而，有了想法的人生还远远不够，因为单纯的想象和我们的未来距离太远。决定未来和人生的，归根到底是“行动”。“行胜于言”，行动才是通往幸福和成功的最佳途径，华丽的语言不过是瞬间的绽放，只有持久和扎实的行动才是通往胜利之路上的不败之花。

未来，总是遥不可及，又充满了诱人芬芳，驱使人们去靠近。然而无论大家渴望拥有怎样的人生，一味的想象永远不是实现梦想的方法，浮华的语言也不是通往天堂的钥匙。

大学生正处在人生转折和升华的重要时期，拥有更多的挑战和机遇，同时也面临着诸多诱惑和陷阱。无论何时，在前进的道路上，

都应该懂得不要被“表面的浮夸”蒙蔽双眼，不要因“一时的得意”而放慢脚步，不要让“虚无的寂寞”成为荒废时光的借口。成功永远留给有所准备的人，既然谁都无法预测下一秒将发生什么，那么，唯一可以把握的就是，把实际可靠的行动放在第一位，生命不息，奋斗不止。大学生不能做“语言的巨人，行动的矮子”。而应清醒的认识到：不论是对待任务、计划、目标还是理想，行动才是最有力的“武器”。“行为决定未来”，字字铿锵有力，它绝并不是简单的说教。行动之于我们，具有最直接和最有效的作用和影响。在大学的校园里，有人在做梦，有人在鼓吹，有人在虚夸，有人在困惑，有人在徘徊，有人在踏步，有人在睡觉，有人在麻木，但是，还有的人在行动，他们充满热情和活力，扎实和用心地做每一件具体的事情，哪怕微不足道。

年轻人习惯于把视线投向未知的远方，去寻找翅膀，渴望飞翔；却忘却了脚下最近距离的土壤，忘却了自己要去的方向。我们看到了未来，看到了明天，却遗忘了现实，遗忘了立足的根基。请谨记：脚踏实地，一步一个脚印的去努力、去奋斗、去完成、去行动，才是成就美好未来的途径。

“万丈高楼平地起”，高耸的建筑也是从一砖一瓦的添加开始的。同样，大学生的未来，要依靠自己的行动和努力去经营的。没有无源之水，没有无本之木，未来的答案就蕴藏在我们当下的行动之中，任何其他都是漂浮在地上的影子。大学生有着年轻的朝气和活力，能时刻保持一种积极向上的面貌，请不要停止前进的步伐，美好的未来，就书写在我们的眼前！

1. 人不能两次踏入同一条河流——适应变化

英国现实主义小说家托马斯·哈代说过："人的生命就是不断地适应再适应。"适应是一种积极的人生姿态，成功的机会永远留给拥抱变化、渴望改变的人。

常言道："人不应该被同一块石头绊倒两次"，这句话通俗，但不无道理。如果是一个僵化而且不知改变的人，当他第一次犯错时，会痛下决心：下次一定要避免同样的错误，但结局却往往是"再入虎穴"。为什么？也许会有人说他记性不好，但深层的原因是，相似的难题再次出现，他却应变迟缓。由于没有及时将上次吸取的经验教训应用到实践中去，没有感受两次失败之间的微妙变化，失败再次来临了。其实，"以不变应万变"并不适用所有的场合，足以应对万千变化的人，一定是懂得变化和通融的人。

面对变化的环境，不"善变"怎么可以？

李某是上海一所名牌大学的本科生，高考成绩优异。上了大学，李某如释重负，感觉高中的辛苦终于有了结果。李某对高中时期的学习模式十分厌烦，摆脱了那种辛苦学习的束缚是他来到大学最大的喜悦。由于有大量的时间可以支配，从大一开始，李某便像换了个人似的，"混迹"于网吧、唱KTV、蹦迪、网游，在校内外结交了不少不良青年。一个学期下来，原本进校被选为"国际交流项目培养对象"的李某，已经堕落得不成样子。不仅逃课成为家常，染了头发，还经常跟老师和同学产生无端的纠纷，令人十分厌恶。每当同学们看到一撮明黄的“头发”走过来时，都躲得远远的。后来，校长和老师联系其家长，与李某进行了深入谈话。大家都期待底子不错的他能“浪子回头”，好好完成学业。然而，“谈话”并没有对李某产生影响。面对大家好心的劝解，他振振有词：“大学不是用来天天学习的，我不当书呆子！”于是，他继续堕落，难以自拔。两年后，同班的许多同学都成功参加了国际交流项目，飞往梦中的异国深造。而他，只能暗自垂泪了。

李某的例子可以看到，一个不懂得适应变化的人，最终的下场就是被淘汰出局。在从高中向大学的转化中，李某缺乏正确的认识，一味认为大学不应努力学习，于是玩乐下去。其实，大学虽非死读书的场所，但也绝不是完全尽兴的游乐场。一名学生的本职工作是学习，活动、娱乐、消遣会占用些时间，但不能占用学习的时间。面对从高中到大学的变化，李某简单的认为，“高中就是学习，大学就是玩”，显然是没有搞清两者的性质，更没有在过渡期内适应之间的变化。就大学而言，储备知识的范围广了，接触的人和事多了，面临的选择和变化也多了。在复杂的环境里，把握住自己，适时快速的调整自己的方向和状态，以应对各种变化是十分重要的。李某的不知悔改，对劝解置若罔闻，是非常不明智的做法。

今天是信息时代了，无论何时何地，与何人共事，情况都瞬息万变。在这样一个时代，如果不能适应变化，简直太可怕了，只会淹没在不断更新的浪潮里。也许有人生来厌倦一成不变，但大多数人都担心变化，然而，不论个人喜好如何，当下的社会，各种“变化”已是不可否认的事实。我们只得面对，不论你接受还是逃避，“变化”就在那里，谁都无法停止。

有句话是这样说的，“如果你不能改变环境，那就改变自己吧。”

这句话正反映了我们的现实。作为小小的个体，我们要依附于社会和学校等大环境生存，复杂而多变的环境，不以人的意志为转移。改变自己，就是适应社会。所以，人生如水，大家应该多一点韧性，能够在必要的时候弯一弯，转一转，动一动，想一想，既要有水滴石穿的毅力，还要有抽刀断水水更流的韧性。那些懂得变化的人，才可以克服更多的困难，战胜更多的挫折。

2. 大象怕的是老鼠——敢于挑战

大家都知道，完美的个体是不存在的。每个人都是一个多面体，有优点、也有缺点。昂头的向日葵，也有低头的时候；没有永恒的权威，不存在绝对的强大。如果你认为自己不是“强者”，那是因为只看到了自己的不足。所以，当面对激烈竞争和压力之时，不要不敢出击。大家是平等的个体，每个人都有机会和潜力，要敢于挑战，敢于拼搏，敢于努力。

在充满压力的竞技场上，找到对手的软肋，助你事半功倍。很多人纳闷身形巨大的大象为何奈何不了老鼠呢？原因很简单，大象虽然是陆上最大的动物，但是却没有老鼠灵活。个体都有自己的短处和软肋，在和竞争对手相对时，如能留心观察一下对方的弱点，我们就能更快成功。

李磊是一所著名高校数学系实验班的学生，这个班级的学生从小都参加过奥赛。李磊没有什么数学培训背景，担心自己会跟不上其他同学。于是，李磊平时付出双倍的努力学习，不想被人落下。

命运眷顾那些勤奋的人，“全国大学生数学竞赛”即将开始了。当时，班内有一个被称为“牛人”的张某，有着骄人的背景和成绩。张某从小参加奥赛班，多次在大小比赛中获奖。老师和同学们都非常看好他，觉得这个报名的名额应该属于张某。因为此次比赛每专业仅限一人报名。

李磊心里很不服气。张某平时非常懒惰，全是凭借以前的基础。李磊觉得，如果看现在的水平，自己有实力与张某抗衡，大家只是看到了张某过去的辉煌，却不了解自己。但是，李磊也犹豫，别人会不会认为自己太自以为是了？自己是不是太高估自己了？关于这件事，李磊非常矛盾。

幸运的是，李磊骨子里是一个敢于挑战和不服输的人。于是，经过反复权衡，他大胆地向老师提议，在赛前进行一次班内比赛模拟，使用往年的试卷，根据结果决定最后谁去参赛。大家觉得意见合理，一致同意。最终，李磊的成绩远超过张某，得到了宝贵的参赛机会。

从李磊的故事里，我们看到，正是李磊的勇气和果断，使得似乎与他将要擦肩的机会再次回到自己手中。在面对劲敌的压力时，他没有放弃，而是清醒地分析了当前形势和状况，认清了自己的实力和水平，向张某发出了挑战的信号。

李磊清晰地看到了张某的劣势——懒惰，进而确定张某有可能水平已经退化。随后，他通过一场模拟，一战成功，拿下属于自己的机会。

“挑战”这个看上去带着“杀气”的词语，其实充满了当事人的勇气、果断和智慧。“挑战”不是要你去横冲直撞，而是用冷静的头脑筹划每一步该怎样走。这个过程，需要魄力和勇敢，更要客观分析。所以，当面临竞争，面对对手，首先要做的是给自己勇气和信心；其次，制订切实可行的策略和计划，抓住对手的弱点和不足，最后，开始行动。

所以，勇敢地挑战吧，不要错过给自己的机会，纵使它看起来像别人的。

信任背摔

项目类型：个人挑战与团队配合项目、场地训练

场　　地：一块平整的场地

器　　材：

（1）背摔台一个，约150厘米高。

（2）捆手布2～3条，约60厘米长。

（3）体操垫一块。

人员要求：10人以上

项目目标：

（1）克服心理恐惧；

（2）活跃集体气氛、增加团队凝聚力；

（3）增强相互信任和理解。

项目时间：小组学生为15人，约需70分钟

项目布置：

（1）集合学生，介绍项目名称和活动要求。

（2）说明活动要求，学生轮流站于高台上双手握于胸前，直立向台下倒下，台下由全体学生保护其安全。

（3）挑选10～12名下方保护人员，摆成保护姿势。要求1对1地面对面排列，双臂向前平举，掌心向上，伸到对面学生胸前，形成人的手臂垫。腿要成弓箭步，学生倒下去注意手臂用力，抬头看着倒下的队员。将倒下的学生接住后，用“放腿抬肩法”将学生平稳放下。开始之前，教师应先用身体下压学生手臂，让学生感受到重量并表现出足够的托力。

（4）上下口令呼应为：

—台上学生大声问下面：“准备好了没有？”

—台下学生齐声回答：“准备好了！”

—台上学生听到回应后，大声喊：“一、二、三！”

—台上学生直挺身体向后倒下。

（5）教师站在台上，用捆手布将学生的手捆住后，用手抓住捆手布，从捆上不跳至喊完口号前教师必须用手握住布条，以防学生突然倒下。教师站在学生身侧，提醒下面学生注意后，可以开始让所有学生顺序完成该项目。

注意事项：

（1）要求全体学生摘去手表、胸针、发卡、眼镜、呼机等可能造成伤害的物品；

（2）第一位背摔者可由学生自报，但要确定一位体重较轻的人进行第一次背摔，体重大的人应该放在中间做，并可适当增加保护人数；

（3）有心脏病、脑血管病、高血压及严重腰伤者不能参加；

（4）背摔台的四脚应稳固结实；

（5）要注意台面木板是否结实；

（6）防止台上学生倒下时将教师同时拉下；

（7）教师在台上后移时注意防止摔下；

（8）教师要检查背摔者身上是否有硬物等危险物品；

（9）未经上下口令呼应时不得操作；

（10）下方保护学生接住上方学生后不得将其抛起；

（11）禁止将接住的学生顺势平放在地上。

引导讨论：

（1）谈谈突破心理障碍瞬间的感受和自我挑战的意义；

（2）通过对比看和做之间的心里差别，体会换位思考和互相理解的重要意义；

（3）体会相互信任的重要性；

（4）理解按要求进行挑战是最安全的；

（5）有些事情未能做或未能做好，并不是能力不行而是心理不行，而心理素质是可以通过锻炼加强的；

（6）不是不能做，而是不敢做，这不是能力问题，而是心理问题；

（7）心里保护层厚的人，现有的能力也很难发挥；

（8）不断突破心里保护层是成功的关键；

（9）关键在于不断地突破自己，走出第一步。

3.《孙子兵法》说：兵之情主速——立即行动

行动很重要，快速的行动则更加重要。兵家讲究“兵之情主速，乘人之不及”，说的就是“兵贵神速”的道理，它同样适用我们的学习和工作。当机遇可遇不可求，或极为稀少的时候，谁抢占先机就决定了谁将获得成功。

大家小时候都会有过这样的经历，小朋友之间写作业的时候爱比谁写得快，先写完就是一件值得骄傲的事情。这反映出，人们从小就会有一种比快的倾向。而当人们逐渐长大成熟，面临更多复杂和棘手的事情时，好像不再像以往那样单纯强调速度了，而是更注重效率和质量。但是，速度本身仍然非常重要，比如新闻行业，谁在

第一时间捕捉到信息，谁就抢占了报道机会。

小至计划，大至人生目标，任何理想的实现，立即行动都是不可或缺的必备法宝。迟钝和快速有着天壤之别，两种方式会带来不同的结果。尤其放在今天这个各种新鲜事物变幻莫测的社会，速度更显得弥足珍贵，意义非凡。

小M，22岁，是一位刚毕业的大学女生，她大学时期主修新闻专业。令人高兴的是，毕业不久她就顺利找到了在一家报社的工作。刚进报社的她是一张白纸，没多少工作经验，而报社里和她差不多大的另一个女孩，已经是上岗两年的老手。在报社里，裁员是家常便饭的事情，看着竞争对手就在眼前，自己手中也没什么筹码，她想，说不定哪天裁员，自己就被撤了，再找饭碗就难了。

果然，一个月后，报社老板通知员工们，近期财政紧张且人员繁冗，不久后就会裁员，而这次裁员有个特殊性，就是不论行辈资历，而是看近期大家的业务成绩高低。

说来也巧，刚过了两天，西北某地突发泥石流，各大媒体一片沸腾，争相报道。但是，看上去热闹的报道很多是虚构的，因为当地条件艰苦，几乎没有媒体愿意亲自去现场。小M所在的报社也是这种情况，没有哪个记者愿意去当地。

此时，小M抓住了时机。她带上设备，单枪匹马踏上了去灾区的路。那一刻，小M的心里只有一个信念：第一个进行深入报道。小M几经危险，最终如愿获得了第一手资料。事后，她得到了报社内的表彰，名扬业内，再也不必担心裁员了。

小M得到的一切源于她果断勇敢的立即行动。立即行动所带来的，是工作安定，是表彰和名望。反过来想，如果小M也同大多数业内人士一样，犹豫徘徊，迟迟不肯行动。那么，小M可能已经被裁撤了。除了新闻业，在其他领域，立即行动也有着不可小觑的作用。学习上，及时完成作业的同学，不仅可以节省时间，而且也可以进行及时的复习。工作中，领导也喜欢勤奋和干事麻利的员工，一个拖拉慢吞吞的员工，怎么可能得到老板的赏识？在商业领域，更是这样，可谓一分钟就是一块金子，像房产业和股票业等领域，时机总是比任何东西都宝贵，抓住了时机，采取了行动，成功和胜利也就不远了。

4. 失败只有一种，叫半途而废——坚持到底

我们经常会听到失败者说起这样的话，“当时如果我们坚持一下，也许结果就不是现在这样。”

坚持，结果就会不一样。不必要的失败是应该避免的。有些成功只差再坚持一下。如果我们自己放弃，半途而废，不是太可惜了吗？“放弃”是一个消极的词汇，人们喜欢“坚持”二字，因为成功来自坚持。这也许称得上一条真理。马云说过，“今天很残酷，明天更残酷，后天很美好。但是，大多数人死在明天晚上”这段话，曾一度在学生群中广为流传。其中蕴涵的道理，就是现实也许很残酷，但是总会有赢家，在结局产生之前，要坚持，唯有坚持下去，才有可能成功。成功属于那些能够坚持和忍耐的人。浮躁是目前社会的通病，

一份坚持，更加显得弥足宝贵。

学生小Z是河北一所高校计算机专业的学生，2005年他以优异的成绩成为当年全村唯一考上大学的学生。邻里和父母都认定小Z是一个非常出息的孩子。果然，小Z不负众望，进入大学后依旧保持着良好的学习习惯，刻苦勤奋，第一年就拿了奖学金，四邻乡里都为小Z感到骄傲。

然而，好景不长。计算机专业和电脑少不了打交道，大二的上学期，小Z开始三天两头的逃课，去网吧打游戏。俗话说，“近朱者赤，近墨者黑”，小Z是受到了同宿舍“不学无术者”的不良影响，不能自已。就这样无所事事了一学期之后，到了期末，小Z几乎门门挂科。学校见其状况，劝其退学，并通知其父母到校。当身在外地的父母千里迢迢赶来，老泪纵横的出现在办公室里时，小Z终于动容了，他开始反思自己的所为，决心从此改正。

此后的日子里，他主动和宿舍游手好闲的哥们划清界限，不再泡网吧。把大量时间花在学习上，一年过后，小Z挂掉的科目全部通过。而且，洗心革面的他以后又多次获得奖学金。校刊采访小Z时，小Z说：“看到父母那一刻，我觉得自己太对不起他们了，我基础不差，回头还来得及。更重要的是，考上大学是改变我命运的机会，我不想就这么荒废和放弃了，我不甘心。我想对师弟们说，别轻易放弃，坚持到底，阳光终会驱散乌云。”

从小Z的例子中，我们看到，小Z及时的“自救”使自己重返正道。这其中，不轻言放弃的个性起了主要作用。沉沦于游戏时，小Z立场不够坚定，受了不良同学的影响。然而，令人欣慰的是，小Z懂得不放弃最初的目标，大家可以想象，连续两学期挂科，要弥补这一切的过错，是多艰难的过程。小Z在弥补这个错误的过程中，尝到了不同于他人的辛苦，如果小Z不能一直坚持，或许结局就不会如此令人鼓舞。有句话说，“即使失败了一百次，我们也要第一百零一次的站起来。”所以，可怕的不是失败本身，而是我们失败后，就此一蹶不振。

世界上的失败有很多种，归根结底都是半途而废。半途而废是自我放弃，在成功之前的日子里，煎熬、猜测不已、对自己没有信心、对结果不确定都是正常的，就像《阿甘正传》所说，“生活就像一个装满巧克力的盒子，你永远不知道下一块是什么味道。”黎明前的黑暗是最难耐的，但是，熬过去了这段艰难的时间，光明不就来了吗？所以，不论做什么，都不要轻易言弃，坚持下去，给自己多一些肯定和耐心，增强自己生命的韧性，人生或许从此与众不同呢。

第三节　专业知识该怎么学？

大学生在六月里浴血，在九月里流金。虔诚磨剑十二载不仅是为了朝拜象牙塔，更是为了贴近自己所向往的事业。报考时选择了一个专业，那是因为喜欢，只有学好专业课，才无愧于当初的选择。然而，大学的学习生活与高中并不相同，许多同学面对自己的专业时仍感到茫然，因此，学习方法是重要的，它能帮助大家更好地适应大学学习生活。

一、死记硬背的时代已经过去了——尊重学习的规律

晓慧是一所名牌大学法学院的学生，法学专业是当初她自己选择的，成为一名律师是她自幼的梦想。可是她发现了事情没那么简

单。上大学以来，晓慧没参加任何课外活动，她把所有的精力都放在了专业课的学习上，上课认真听讲，下课认真复习，她把书看了一遍又一遍。很快期中考试就来临了，看着灵活的选择题、繁复的案例分析题、开放式的简答题，晓慧忽然发现她没法将死记硬背的知识套用到这些试题上。结果，晓慧的期中成绩十分不理想，她的学习热情和信心受到了严重打击。

晓慧的问题在大一新生中很普遍，多年的应试教育已经形成了固定的思维模式，好像就该将书本学得面面俱到，毫无遗漏，但大学不是这样。大学着力培养的是思考能力和创造能力，不是复制能力；大学给予的是精神洗礼，除了专业知识，还有专业能力。如今互联网如此普及，所有纯记忆的东西在网上一搜便知。没有一家用人单位需要一台脑袋里装了几本厚书的“人工电脑”，他们只关注你到底有没有解决实际问题的能力。

因此，在大学里一定要尊重大学的学习规律。包括学科内部规律，也包括整体学习规律。同学们可以向老师请教，相互探讨，去掌握一门学科的内部学习规律。如该学科的重点在哪里，体系构架如何，如何将理论联系实际等。整体学习规律体现在张弛有度、劳逸结合地安排自己的学习生活，合理分配各个学科中投入的精力，更好的提高自学能力等。

晓慧的辅导员后来发现了她的异常情绪，一番推心置腹的谈话之后，晓慧领悟到了尊重学习规律的重要性。在各科专业老师的帮助下，晓慧很快改善了学习方法，随着专业课成绩的柳暗花明，学习任务愈加轻松地完成，晓慧终于感受到了大学学习生活的快乐。

二、如果什么都能自学，还要老师干吗？——善用课堂

文超同学自小以来就被评价为“很聪明”，他凭借着这份聪明过五关、斩六将，轻轻松松地考入了一个不错的大学。大学第一堂课上完了，老师那带有地方色彩的普通话，让文超听得十分郁闷。他翻了翻专业课本，觉得自己的智商足可以学好这门课程。以后，每当同学们去上课时，他就自己去图书馆自习。

不经意间几个月过去了，整个专业就这门课程举办了一场交流会。当文超洋洋得意地将自己的见解表达出来，却得到了哄堂笑声。原来文超的见解不是已经过时，就是有一些浅显的错误。更让文超吃惊的是，所有同学都表示非常喜欢这位专业老师，原因是其讲课不仅深入浅出，通晓易懂，还“将普通话说得很可爱”。文超痛定思痛，终于摆正心态，认真补修了这门课程，后来也深深地为这门学科及这位老师的魅力所折服。

许多年前就有学者说，大学应是授之以渔，而非授之以鱼。打鱼的本事是需要传授的，“什么我都能自学”不是自信的表现，而是盲目乐观。上大学，一般来说都面对着一个全新的未知的专业，每门课程的启蒙极为重要，而这有启蒙作用的引领者除了老师无人能胜任。再者，一个老师并不等同与一本教科书或一门课程，而是意味着他数年教龄积攒的学科经验，意味着与这门学科有关的强大的信息合成，甚至意味着他半生所积累的正确价值观念和宝贵人生经历。

总的来说，大学是与能力相称的，大学的老师拥有与这些大学相称的教育资格。同学们有多少人有资质对老师品头论足？如果片面地认为某某老师讲得不好或这个老师不是大家喜欢的风格，而去选择完全自学，必定耽误自己的前程。“师父领进门，修行在个人”，修行的关键是在个人，但还得有个师傅才行。倘若大家什么都可以自学，大学还要设立吗？反之，若我们能避老师之短，扬老师之长，那不就是青出于蓝而胜于蓝了吗？

三、高手指点过，就是不一样——向书和领路人学习

苏格是一个传统意义上的“好学生”，她的求学生涯一直安安稳稳、顺风顺水。上大学以前，总是有父母和老师帮助安排学习任务，那样的生活虽然机械却也充实。但是苏格上了大学，猛然间发现自己的课余时间多了起来，除了认真完成每天的课业，她不知道自己还能在学习上做点什么。没过多久，学校组织了“优秀学子返校交流会”，苏格有兴趣地参加了。听完各位学长学姐的光辉事迹，苏格赏识不已。她克服了胆怯，勇敢地索取了一位学姐的电话号码，向她请教了一直困扰自己的问题。学姐鼓励她要以书为友，并树立一个学习榜样，以激励自己不断向奋斗目标前进。果然，苏格在书中找到了自己的兴趣爱好，她以学姐为榜样，踏实勤勉地完成了自己的大学学业，取得了优异的成绩。

在大学这个人生的新起点，人非常容易迷失了自己。这里没有父母的叮嘱，没有高中老师的耳提面命。除了完成学校定制的教学任务，大家还有很多时间来充实生活，此时，书是良师益友。苏轼说：“书富如入海，百货皆有”。书中的知识贯横古今，博大精深，可以让人开阔眼界，增长知识。“读一本好书，就是和许多高尚的人谈话”，走进一本书，走进一段历史，走进一个故事，思想会得到历练，灵魂

能得到升华。想想看，在某个微雨的午后，开一盏昏黄的小灯，拥一席暖被，持一杯香茗，懒懒地翻几本旧书，或思或悟，亦喜亦泣，人生难得几清明？这恐怕会是日后校园回忆中最瑰丽的一道风景。

书的陪伴让生活不再空虚。除了书，大学生还需要树立一个榜样来激励自己不断前进。这个榜样就是领路人，要学习先进的学习方法，学习刻苦和坚持的精神。榜样就是黑暗迷雾中的指路灯，是浩渺海面上的灯塔，有了榜样，才有精神动力，才能激励大家在求学之路上不畏艰辛，勇敢前进。

四、相互帮助，齐头并进——同道的激励

在一所理工科学校的文科专业里，有四个女孩被分到了同一个寝室，这四个女孩经历了最初几天的相识期，很快发现了彼此之间志趣相投。她们意识到现在社会竞争激烈，若不在大学里好好打磨一番，将来势必会被社会淘汰。因此，这四个女孩组成了学习小组，决定携手并肩，齐头共进。她们之间各有分工，每人都利用自己的专长为他人解决问题。有人发现，她们早晨洗漱的时候，都在轮流读英语。在大三的时候，这四位女生决定继续深造，又组建了考研小组。天道酬勤，四位女生最终实现了当初设立的目标，成为了南方一所名牌大学的研究生。

大学里，会结识许多新的朋友，大

家来自五湖四海，缘分让同学们相聚在同一片蓝天下。常言说，大学时代简单纯洁的友情最动人，没有算计，没有猜忌，而并肩而立的“战友”更是尤为珍贵。在人生的旅途中，每个人都需要同道的激励才能克服艰苦和寂寞。结交几个投缘的朋友，互相帮助，互相鼓励，不仅可以激发学习热情，还可以大大提高学习效率。和朋友一起为共同的理想而奋斗，挥洒汗水，享受拼搏的过程，品尝胜利的果实，一起哭，一起笑，这是多么美妙啊！

大学生远离家乡，来到一个陌生的城市，陌生的学校。在大学生活中，同学对我们的影响是最大的。首先，同学是榜样。如果在一个专业中存在一个特别优秀的同学，他在各类活动、学生工作中表现积极，能力突出，还在本专业学习中勤奋刻苦，成绩优异，其他同学就会自觉地向他学习，把他作为榜样和奋斗的目标，因为相对于书本上或实际中那些“遥不可及、虚无缥缈”的成功人士来说，这个榜样更加真实、触手可及。很多励志讲座的激励作用是一时的，只是让大家脑子热一下，之后就回归原形。但是，如果有一个人，在学习方面，他总是出现在你进入教室之前；在活动中，你懒得参加的活动他却总是积极参与。他渗入你生活的点点滴滴，渐渐地，“他”的那种光芒也照亮了你思想的阴霾，加快了你行动的脚步，这时，向他学习的理念已深植于你的心中。

除同学外，来自优秀毕业生的激励作用也是不容忽视的。当看到这些学长学姐一样进入这所大学，学习一样的专业，却最终通过自身的努力和奋斗实现了梦想，这不仅使大家对本专业的前景更加乐观，也激励大家不断努力，去取得像他们一样的成就。

五、不要小看互联网——善用现代科技手段

秦天是某校历史学的本科生，最近他要写一个关于南宋文化的

研究论文。他去校图书馆找了两天资料，仍是毫无头绪。满满的大书架想要找到合适的资料实在费力，厚厚的一本史书只有少量可用的信息。后来图书馆管理员将秦天领到了电子阅览室，并告诉了他如何利用互联网查找资料。秦天依管理员所言果然在网上搜寻到了大量相关信息，省时省力，顺利完成了学术论文。更让秦天惊喜的是，他在网上发现了他崇拜的一位历史学前辈的博客，这方便了秦天时刻了解学科内的最新研究成果。秦天还在老师的介绍下找到了更多的学习网站，他获取了大量信息，开阔了眼界，很快就在历史学院展露锋芒。

随着现代社会科学技术的飞速发展，大学生应该掌握最先进的学习方法，善用现代科技手段。每所大学都配备有相应的科技设施以方便我们学习。例如每年学校图书馆都要买进大量的信息库，这些信息通常都有十分丰富且专业的学科资料，而学生使用学校购买的这些信息库是免费的，可以极大地提高学习效率。

除信息库外，互联网更是学习的宝库。互联网上有很多学习网站，有的网站安排专业精英为同学们答疑解惑；有的网站为某个专业的学生提供交流平台；有的网站可下载大量的学习资料。这些都可以弥补传统学习手段的不足，拓宽学习途径。另外，大学生还应该顺应时代潮流，除了善用互联网查找资料外，还要熟练应用电脑，培养操作技能，学习使用一些常规的处理软件，提高自身综合能力，为今后工作奠定基础。

大学生活五彩纷呈，但大家不能忘了自己身为学生的使命。在大学里，同学们应该主动探索学习规律，坚定学习目标，求师问友，也应及时更新学习手段，以期不断地提高和发展。短暂的大学四年是人生中最宝贵的年华，浓墨重彩，青春激荡，千万不能将大学看做避风港，不问世事，安逸稳妥却碌碌无为，大学更是一块砺金石，只有抵得住诱惑，守得住寂寞，牢记自己心中的理想，才能取得成功。

第四节 怎么当个社会人？

很多人以为，上大学的目的是毕业后找一份理想的工作，但是，走出校门以后将要面对的不只是一份工作，而是整个纷繁复杂的社会。如果没有对社会现实的关注，自己的视野只局限于自己的利益范围之内，那只会被这个社会孤立。在当代大学生，在“与柏拉图为友、与亚里士多德为友”的同时，还应该与社会现实为友。

一、社会有社会的规矩——了解社会生存基本规则

1. 想什么都知道，得出去闯闯——实践出真知

经历大学生活的人，很多都会对大学生活留下深刻印象。很多人都说“大学生活是青春的记忆和爱的证明”。的确，大学生活是人生一段宝贵的时光，这段时光转瞬即逝，无比珍贵，但是，一些刚步入大学校园的年轻人却常感叹大学生活无聊，这是为什么呢？大学生想把这难得的时光过得精彩，值得好好思量。

许多人都清楚，大学的生活虽丰富多彩，但学习是永恒的任务。如果你的学习失败了，就不是一个合格的大学生。可是，学习有很多形式，除了课堂学习之外，还可以通过实验课、学术讲座、科研活动、互联网、大学生社团活动、社会实践活动及实习、课程设计、毕业设计等形式汲取知识，锻炼能力。实践出真知，人总要在实践中不断进步。那些死啃书本的人，其实并不知道学习的真谛。

吴彤喜欢艺术创作，高考时由于许多艺术类的名校门槛太高，他采取了迂回战术，通过报考普通艺术院校的非艺术类专业，成为了浙江传媒学院管理专业的学生。在大学的四年，他专业学习成绩并不突出，但他用大量的时间和精力去学习自己喜欢的艺术类课程，并从大一阶段开始就尝试通过组建学生艺术社团的方式，丰富自己的实践经验和艺术创作经历。由他发起创办并担任社长的“珍逗小品剧社”，在他和他的团队伙伴共同努力下，四年中获得了突出的成就。先后荣获学院和地方学生社团建设的众多荣誉称号，他本人也被评选为学院的十大“传媒先锋”年度最具影响力传媒青年，成为学院人气最盛的学生艺术领袖。在这个各类艺术精英云集的大学中，他这个非艺术类专业的学生成为近年学院大型文艺演出活动导演的不二人选。他积极参加学校和社会的各种大学生竞赛，以其实战练就的睿智思辨能力及杰出演讲口才，多次获得各种辩论赛冠军和最佳辩手。学校中也曾有些人说他“不务正业”，但他依然故我，坚定地按照社会对大学生的标准走自己的路。大学四年，他在和多数同学一样拿到大学文凭的同时，收获了许多不一样的东西。例如，他在掌握专业知识的同时，还具备了演讲、表演、导演、策划、制片、市场营销等多项实战技能。四年中，他在自己亲手搭建的舞台上操练，赢得了学校及社会各界的广泛认可和高度评价。尽管尚未毕业，没有在社会上的某个具体职位上实际工作过，但却不会有人怀疑他的实践能力。

学历不能代表全部，因为实践才是学习最重要的部分。社会是个大舞台，同学们一方面可以通过参与社会实践获得丰富的知识，锻炼自己的能力。另一方面，上大学的目的就是用所学知识服务社会、贡献社会。所以，大学生应该积极地投身到社会实践中去，向社会学习。对大学生来说，参加第二课堂、参加大学生社团活动和社会实践，都是学习的良好形式，这些活动对培养大学生的组织管理能力、社交能力、语言表达能力和专业技能，有积极促进和完善的作用。

2. 多看多听多问，当个有心人——观察与向他人讨教

社会规则的学习是复杂的，没有现成的教科书，而向他人讨教，多问多听，是最好的方法。

无论是谁，都有优点、长处，也都有缺点、短处。只有虚心向别人学习，做到取人之长补己之短，才会有进步。古有“三人行必有我师焉”的名言，尽管不是所有人都能做老师，但每个人身上都有值得学习的地方。因此，应该谦虚地观察和向他人讨教。人们不缺乏学习，而缺少观察和发现，怎么发现、怎么学习这取决于用什么眼光、从什么角度去看待别人。

小玲是法律系的高才生，上大学之初就为自己定下了考北京大学硕士研究生的目标。在她眼里，有碍考研的一切事情都是没有意义的。她不能理解有些同学为什么天天开会，天天聚会，她也不能理解为什么学校里有各种各样与学习“毫无关系”的活动，有些学生竟还对此趋之若鹜。小玲一个人，不参加活动，不与其他人“同流合污”，不嬉笑玩耍，只是“好好学习”。终于，小玲考上了研究生，但她却不知道除了“学习”还能干什么，她陷入了迷茫……她羡慕各种活动光彩夺目的人群，她不能理解为什么总是聚会开会的人最后也能考上研究生，成绩比自己还好，但有一点她意识到了，自己错过了大学太多精彩的生活，而这些生活是用任何好成绩都换不回来的。

在有的人眼里，谁都不如自己，他们之所以目空一切，是因为他们观察的角度欠妥。如果总拿自己的优势与别人的劣势比较，又有谁比自己强呢？世界上知识渊博的人很多，但绝对没有全才。社会的

运行规则是很复杂的，需要时时学、处处学，不知道的人要多向知道的人学习。那怎样有效地向他人学习呢？首先，学习的心态要好。有些人不虚心，没有实际跨进门槛就说里面没东西，把自己拒之门外。其实，要先把自己的心扉打开，这样才能享受春光、闻到花香，吸收生气和力量。其次，自己要从正反两方面向他人学习，既要学习人家的成功之处，也要善于从人家那里借鉴“缺点”以免重蹈覆辙。另外，学习不要定格在静止状态，要使学习的画面流动起来，要争取机会与别人交流、共享知识。俗话说，尺有所短，寸有所长。如果我们能客观的看别人与自己，就会发现自己的不足，就会吸取别人成功的经验，从而不断完善自己。

二、怎么培养自己社会生存的素质？

1. 事情要尝试着自己做决定——独立自主

小邹是东北师范大学本科生，性格内向，学习中国古代文学专业。小邹的父母都是公务员，他们对小邹寄予很大希望，他们期望小邹大学毕业也能报考国家公务员，考到国家部委最好。但是，小邹在上大学期间看到身边的同学很多都准备出国，准备接收国外的教育以提升能力，她很羡慕。小邹也想走出去看看，她从小就向往国外的气息。但是周围的人都不同意，一方面，父母执意要让小邹考公务员，而另一方面，小邹的男朋友建议她考研究生，等研究生毕业了再找工作容易些……小邹陷入了迷茫中，而自幼听话的她，顿时没了主意。不想依赖别人的决定，但自己又担心会承担选择的后果。

如果你是小邹，会如何选择呢？让我们理性的思考一下，研究中国古典文学水平最高的国家是中国，中国有13亿人在说汉语，到国外人就少得多了。小邹出国必然要放弃原来的专业，这样貌似不值得。而且，出国留学能留在当地的人很少，以小邹父母的传统思想，绝不会让宝贝女儿在国外漂泊，那小邹将来回不回国就必然成为一个问题。再者，目前出国读书的人很多，海归的含金量未必能弥补现在的付出，如果只是为了开阔视野，增长见识，工作期间去旅游也能达到同样的效果。

再说考研究生，小邹读的专业是中国古代文学，神秘却也有些枯燥。如果小邹是学术型人才，可以考取一个硕士生，争取进研究所或者高校搞研究，但如果她不属学术型，那就要权权衡一下考研与就业了。因为读研究生最后还是要面临就业，还是要走出校园。

最后，看看小邹父母的建议。由于家长都是公务员，人脉关系广博，大学毕业就争取一个稳定体面的工作，这可能是个不错的选择。

但是，真正的问题是：即便这个选择貌似不错，又怎样呢？任何一个旁观者都不是小邹，谁知道在小邹的内心里渴望和追求的是什么？如果她向往的是安定平稳的现实生活，父母的建议可以采纳；如果她向往的是中国古代文学博大精深的知识，研究路线可以尝试；如果她向往的是自由刺激的经历，那留学的艰辛和浪漫旅途可以选择。关键是，做决定的人一定要是小邹自己。也许别人比自己更了解自己，但没人可以为自己负责任。大学生无论从法律上还是生理上都已经是成年人了，当对自己的事情做决定的时候，不要依赖任何人，哪怕是至亲的父母和挚爱的伴侣。自己的事情要自己做决定，岁月已经推着我们走到了自己对自己负责任的年纪，别无选择。

素质拓展

盲人闯雷阵

项目类型：个人项目

场　　地：一块平整的场地

器　　材：实心球若干个

人员要求：5人以上

项目目标：快速合理地做出正确的选择

项目布置：在（10～15）米长的前进道路上，无规则地放若干个实心球。每人预先选择捷径通过一次，碰球为失败，看哪个能闯过雷阵，不允许睁眼睛看，不许出声或其他暗示，碰了球的人不得再继续前进，立即将球放回原处。

注意事项：练习人注意开始的前后间隔，以免碰撞

引导讨论：无

2. 学会和大家一起做事——团队与合作意识

大家也许在小时候就听过三个和尚的故事：当庙里有一个和尚时，他一切自己做主，做得很自在；当庙里有两个和尚时，他们通过协商可以自觉地进行分工合作，同样做得不错；可当庙里来了第三个

和尚时，问题就出现了，谁也不服谁，谁也不愿意干，其结果就是大家都没水喝。这篇故事就是对团队协作问题最生动的写照。

刘洋作为海归人才，参加了加拿大一家颇有影响的公司招聘中层管理人员的面试。9名优秀应聘者经过初试，从上百人中脱颖而出竞争最后的3个名额。老板把这9个人随机分成一、二、三组，指定第一组的3个人去调查本市妇女用品市场，第二组的3个人调查婴儿用品市场，第三组的3个人调查老年人用品市场。第三天，9个人都把自己的市场分析报告送到了老板那里。老板看完后，站起身来，走向刘洋所在的第三组的3个人，分别与之握手，并祝贺道："恭喜3位，你们已经被本公司录取了！"然后，老板看见大家疑惑的表情，解释道：请大家打开你们的资料，互相看看。原来，每个人得到的资料都不一样，第一组的3个人得到的分别是本市妇女用品市场过去、现在和将来的分析，其他一组的也类似。

刘洋所在的第三组的3个人很聪明，互相借用了对方的资料，补全了自己的分析报告。而第一、第二两组的6个人却分别行事，抛开队友，自己做自己的。加拿大老板出了这样一个题目，最主要的目的是想看看大家的团队合作意识。前两个小组失败的原因在于，他们没有合作，忽视了队友的存在。而团队合作精神却是现代企业成功的保障。团队合作不需要花费很多的时间与精力，但却能取得巨大的成就。

当代的大学生，很多人忽略了团队的力量。要么好大喜功，认为自己"天下第一"，无需别人的帮助；要么在工作中遇到困难时，喜欢独自一人逞强蛮干，不和其他同事沟通交流。其实，这种认识是极其片面和错误的。在专业化分工越来越细的今天，单靠一个人的力量无法应付工作中的方方面面。虽然一个人凭自己的能力可能取得一定成就，但如果你把自己的能力与他人的能力结合起来，那么结果绝不会是“1+1=2”，而是“1+1>2”。团结的力量无坚不摧，这是一个浅显而很多人又拒绝接受的道理。如果你具有良好的合作精神，无形之中就会大大提高你的成绩。

有团队才有个人，集体发展了，个人才会从中受益。惟有大家同心协力地发挥团队的力量，才能让大家一同向前迈进，个人也才能发挥自己最大的力量，去实现自己的理想与抱负。这正如一位私企老板对员工们告诫的那样：“这个世界是瞎子背着跛子共同前进的时代！”

求　生

项目类型：团队合作项目

场　　地：一面3.8米的求生墙

器　　材：海绵垫1.5米×2米2个，小海绵垫2个。

人员要求：10人以上，男生和女生比例为6:4

项目目标：

（1）培养团结一致，密切合作，克服困难的团队精神。

（2）培养计划，组织，协调能力。

（3）个人英雄主义时代的结束，体会团结就是力量的意义。

（4）发挥每个人的优势，“团队无弱者”——认同差别，发现优点。

（5）资源配置——“策划和决策的过程”。

项目时间：40分钟

项目布置：召集学生至场地，宣布项目名称。宣布要求：我们这个团队所在的船只半夜失火，再有40分钟大火就要烧到船舱，船长要带领我们在40分钟的时间里翻过面前的障碍到甲板上去逃生。过程中我们不许脱下衣服和腰带使用，不许将海绵垫立起或叠起，已上墙的人不许再回到下面帮忙。

评分标准：每剩一人扣10分

注意事项：

（1）棉垫要靠墙，两块之间不要留空隙；

（2）注意安排学生保护；

（3）注意阻止危险动作；

（4）可适当提醒学生改变方式；

（5）女生不能倒挂；

（6）近视眼达500度以上禁止倒挂。

引导讨论：

（1）在开始做之前是否做了计划。

（2）刚开始操作时感觉很容易，但到最后一个时才感觉很困难。

（3）多设想方案和多尝试以及方法不行立即改变都很重要。

（4）团结协作，合理分工，相互鼓励，坚持到底的团队精神很关键。

（5）我们花了5分钟的时间商量，非常好。这时涉及一个“资源配置”的问题。我们在发现困难的时候，不是一时的紧张或冲动，而是要冷静下来，尽快地分析现场情况，集中信息，做出决策。决策之后，马上行动，“行必果”是成功的保障之一。

（6）如果我们一个人面对这面3.9米高的墙会怎样？

现代社会是“集体英雄”时代，“个人英雄主义”的市场越来越小，靠单打独斗闯天下越来越不符合“规模经济”发展要求。互相合作，协同作战，成为共识的经营理念；在这个时候，我们必须依靠

"团队"，依靠集体，在团队胜利的同时，达成个人成功。

（7）有一句话叫做"团队无弱者"。在团队中，角色不能趋同，要各具特点。我们每个人都应认同差异，不能对与自己工作方式、性格特点不同的人抱有成见，应主动发现身边人的优点，才能更好合作，以共同实现目的。

点睛故事："木桶原理"：木桶贮水量的大小，不在于最长或最高的那一块木板，而是取决于它最短或最矮的那一块木板。

3. 己所不欲，勿施于人——人际关系处理

上海某高校女生C，在家是独生女，漂亮聪明，学习优秀，表兄弟姐妹中数她最出色，父母非常宠爱。由于家庭经济条件好，她很早就有自己独立的卧室，到学校后，四人一间宿舍，她感到委屈和不适应。加上她喜欢要小姐脾气，支使别人干这干那，慢慢地，其他三位同学开始逐渐疏远她了。C感到很孤单，却不知道为什么，宿舍关系处理得不好使她非常不舒服，总不愿意回宿舍，和班里别的同学相处也不顺心。

类似小C的大学生并不少见，大学生从五湖四海相聚到一起，不同的成长环境、不同的民族，相处起来难免有些摩擦和困难。大学就如一个小社会，大家必须接触形形色色的人，拓展自己的人际交往圈子。比起中学生，大学生的人际交往更为复杂，更为广泛，独立性更强。大学生们已经开始尝试独立的人际交往，并试图发展这方面的能力。现在，交往能力已越来越成为衡量大学生个人能力的一项重要标准。但是，不是每个大学生都能处理好人际关系。在这一过程中，有相当数量的人会产生问题。而认知、情绪和性格，是影响着人际关建立的关键因素。大学生要建立良好的人际关系，要恪守平等、尊重、真诚、

宽容、谦逊的原则，并在积极的人际交往实践中提高自己。

有一则耳熟能详的故事。一条流浪狗无意间闯进一间屋子。它惊奇到发现墙壁上有很多的狗同时出现，顿时大吃一惊，便龇牙咧嘴，发出阵阵低沉的吼声，想要震慑这些敌人。而四周的狗看来也都十分生气，脸上也现出怒吼的表情来。流浪狗看到这种情形简直吓坏了，它不知所措，开始绕着屋子跑起来，一直跑到体力透支。原来这是一间四壁镶着镜子的屋子，那许多恶犬不过是流浪狗自己的镜像罢了。仔细想一下，这也说明了我们的人际关系：只要这只狗肯试着对镜子态度温顺一些，情形就会完全改变，镜子里的狗儿必然会回报它以同样友善的举动。同样，当人们处在复杂的人际关系中时，能站在对方立场上去考虑问题，情形必会有所改善。

4. 幸运只眷顾有准备的头脑，食物只留给愿早起的鸟儿——规划与执行

The early birds have feed to eat.我们将它译为早起的鸟儿有虫吃。

清晨的森林中，早起的鸟儿在清脆地叫。早晨森林中的空气是湿润的，是新鲜的，是活跃的，呼吸着新鲜的空气，鸟儿们可以悠闲地吃着它们的早餐。如果是白天，鸟儿就不得不为了寻找食物而四处奔波了，它们穿梭于树与树之间，寻觅着，期待着。即使看到一只虫子，也大多要与其他鸟儿争夺一番。而眼前的景象却安闲，自在，快乐，没有一丝匆

忙。果然，早起的鸟儿有虫吃。

凌儿是大一的新生。进入大学后，许多同学都松懈了下来，压抑了多年之久的身心，终于休息了。可凌儿却没有这样做，早在大学伊始，凌儿就为自己定了一个目标：将来要到清华大学读研究生。凌儿以“早”为准。每天她总是第一个起床，进行晨读，图书馆开门她总是第一进入，她总是第一个进入教室等待讲师讲座……四年之后，凌儿收获了她的梦想，顺利考上了清华大学的研究生，之后的平静令人诧异，凌儿坦然地说：“早起的鸟儿有虫吃，我就是那只早起的鸟儿。”

许若十八岁那年，她考上了北京的一所大学，和她一个寝室的是一个叫张锦的山东女孩。大学生活确实多姿多彩，她和张锦享受了半年无比闲适安逸的时光，逛遍了北京大大小小的胡同幽巷。大一第二学期她们意识到不能这样荒废大学生活，决定自学一门外语，她自学韩语，张锦学日语。她们就学习二外一事做了详细的规划，贴到了墙上，张锦的计划是每天学习日语半小时，她计划每天学韩语两小时，她当时还嘲笑张锦没志气。大学时光过得飞快，转眼之间就要面对天南海北的分离，年轻的誓言像风一般吹散在耳边，她们再也回不到从前。说实话，这四年间，她忙着参加各种社团活动，忙着和男朋友一起出去玩，那张韩语学习计划表除了刚开始几天再也没看过，静静的蒙了尘，一晃，四年。就在她这边推杯换盏、花前月下的时候，张锦默默地坚持着她的每天日语半小时，雷打不动，连生病都不例外。

酷热的七月，当许若为毕业、找工作忙得焦头烂额的时候，她猛然发现她在这所大学里一无所获，而此时张锦已通过了东京大学的考试，公费读研。不久之后，她收到了一张漂洋过海的明信片，那上面是一棵樱花树，树下是张锦娟秀的字迹：小若，机会总是青睐有准备的人，每一天都是新的起点，加油！

其实，刚上大学的时候大家总觉得时间还有很多，在这无涯的时光里，好像这大把的青春，若不去挥霍则无处安放。这四年里，我们也常常屈服于自己的感官享受，忘记了前进的方向，没有目标，失却理想。伏尔泰曾说过："在理想的最美好世界中，一切都是为最美好的目的而设"。如果现在没有一个明确的为之奋斗的目标，每天浑浑噩噩，不思明天，丧失自我，那人和低等动物有什么分别呢？大学四年是世界观、人生观的奠定期，在这里，大学生摆脱青涩、走向成熟，选择今后的命运。四年，1461天，35064个小时，上帝给予每个人平等的机会，就看你在这有限的时间里能创造出什么财富来。

古人说，时不我待。大学生迫切需要建立正确的人生目标并附有切实可行的人生规划，而那些可以轻松实现的目标不能称为梦想。真正的梦想在追求中会遇到挫折与磨难，此时，需要坚韧不拔、百折不挠的精神才能成功。也许你会在沿途看见迷人的风景，但别忘了前方才是天堂。

其实，人生规划就是需要一步步脚踏实地的执行，若你把它当成一纸空文，就只能等到两鬓斑白时，空余恨。年轻最宝贵，青春最无情，幸运之神只会眷顾那些有准备的人。如果你永远一丝不苟的执行你的人生规划，等到你历尽千帆，蓦然发现，奇迹已杳然而至。

电　网

项目类型：团队配合项目，场地训练

场　　地：在相对开阔的地带，选择两棵主干高2米以上的树，

或有同样高度的其他支撑物。

器　材：一张4米宽、1.6米高的绳网（"四框麻绳"框内经细绵纶绳拉出12～20个高低、大小、形状各不相同的"洞"），最小的"洞"可勉强通过比较瘦小的学生。

人员要求：10～20人为合适

项目时间：40分钟

项目目标：

（1）增强相互合作的团队精神。

（2）体会计划和精心操作的重要性。

（3）认识每个人在团队中的角色及其作用。

项目布置：

（1）将电网挂在两棵树之间。

（2）将学生集中于"电网"一侧，介绍项目名称和活动的要求。

（3）说明活动要求后，全队学生从"电网"的一侧，不触动"电网"的情况下穿越"电网"到另一侧，穿越必须在规定的时间内完成。

（4）要求每个"网洞"只能1人通过，如触网则须返回，另选取其他"网洞"通过，触网的"洞"作废。

（5）未通过和已通过的学生，不得返回另一侧帮忙。

（6）全队学生，只能由"电网"中的"网洞"中通过，方为有效。

评分标准：

（1）团队在规定的时间内全体通过"电网"，得100分。

（2）规定时间结束后，每剩一人扣10分。

注意事项：

（1）此项目可锻炼学生的决策和操作能力。为避免学生草率开始匆匆通过，应在布置完任务后提醒学生此活动并不简单，也许会涉及管理中的一些重要环节。因此要一丝不苟，精心策划、精心操作之后再开始穿越。

（2）根据学生人数给出1～2个富余“网洞”，若人数太多时，可规定若干个“网洞”可以通过两次。

（3）教师在判罚时可采取“大洞严，小洞宽”的原则，根据实际情况进行。

（4）如在夏季可提醒学生穿着越少越好，女士不要穿裙子。

（5）如在天冷季节在判罚上可作适当的放宽要求。

（6）详细观察每个人的表现、作用、决策和协调过程，以便进行指导。

（7）需要将队员托起通过时，应提醒保护学生，注意平稳起放，以保证安全。

（8）在活动进行过程中，学生如有危险举动，教师要及时地予以制止。

引导讨论：

（1）团队在集体完成任务时，确定决策人是迈向成功的第一步。

（2）确立方案、明确分工、注意安全保障等是团队成功的关键。

（3）确立有效的团队纪律，激发情绪是团队成功的保障。

（4）有效的利用资源是团队成功的思路。

（5）相互协调和精心操作才能使计划得以顺利地实施。

（6）正确对待不同意见和挫折，增强团队的凝聚力。

（7）摆正个人在团队中的位置，是团队成功的基础。

5. 不当只懂屠龙之术的书呆子——专业能力的具体化

在绍兴市新建北路5号，有家“新天烘焙”蛋糕店，与其他蛋糕店有点不同，这家店不仅宽敞明亮，而且在店铺的一角摆放着一张圆桌、两张凳子，桌上还放着几本杂志，有点休闲吧的味道。这家与众不同的蛋糕店的主人，是位刚走出大学校门才两年的年轻人——浙江大学城市学院2006届毕业生陶立群。今年25岁的他，毕业后自主创业，现在已拥有5家蛋糕连锁店和一家加工厂，成为绍兴市里小有名气的创业青年，今年被评为绍兴市创业之星。2006年6月，陶立群从浙江大学城市学院工商管理专业毕业时，决定开个蛋糕店。他做出这个决定并不是盲目的——大学期间，他边学边实践，把工商管理知识运用到经营校内休闲吧、小餐厅中，都做得不错。曾做过“元祖蛋糕”代理的他，对蛋糕市场有所了解，觉得能在这一行闯出一片天地。他白天顶着烈日逛绍兴市区大大小小的蛋糕店，看门道、想问题，晚上则躲在房间里查资料，了解市场行情。他还跑到杭州、上海等大城市做蛋糕市场的调查，搞可行性分析。

陶立群的调查有不小的收获：绍兴当时只有“亚都”、“元祖”两家知名品牌蛋糕店，其余的都是本地小蛋糕店，中高档品牌蛋糕市场相对空缺，而且当时绍兴还没有一家蛋糕店的糕点是现烤现卖的。陶立群的创业梦想定位在打造本地中高档蛋糕品牌上。谈及今后的打算时，陶立群说，他下一步要在蛋糕店的团队建设上下工夫，并且要不断改善店里的蛋糕品种以及销售服务，打响“新天”品牌，力争开出更多的连锁蛋糕店。

相比起陶立群，很多大学生并不会将专业知识转化为实际的能力。某公司技术部有个大学生小赵，毕业不到两年，进厂也不久。有一次，技术主管分配小赵工作，让他去把液压油站的零件图画一下，有的不用画，缺少的就补齐，清单弄好，给采购和仓库，没有尺寸的就实物测绘。这液压站，大致包括油箱，高压油管，管接头，螺栓螺母等，大部分都是外购的标准件。一个月后，小赵交差，图纸都画好了，每条油管，每个管接头，都画了，包括螺栓螺母都画的有模有样，尺寸、粗糙度、角度等一应俱全。看来着实是费了一番工夫。可是技术主管看到这些，非但没有表扬，还臭骂了一顿。因为小赵接了任务以后，一点不动脑子。那些外购的标准件根本不用画，或者只要一个外观的示意图就好了，最主要的是注明规格型号、技术要求就好了。外购的配件图纸清单是给采购部门和仓库用的，把图纸画得那么仔细，而且是测绘的，不一定准确，这个文件给到采购，会产生很多不必要的麻烦，是画蛇添足，公司又不是生产这些东西的，最终弄得费力不出成果。

大学里学到的知识，增长了同学们的水平，开阔了眼界，锻炼了思维，但把知识转化为生产力才是实际工作中最重要的。比如小赵，接到任务以后，没明确这个任务的目的，也没考虑实际的情况，最后费力不讨好，可这又能怨谁呢？作为大学生，经过四年的专业学习，有了自己的知识结构，有自己的做事方式，但是职场并不是学校，不能反反复复地错了重来。况且，各个职场上的要求和标准都有所不同，必须将所学知识经过自己的方式作用于工作。否则，一切都是一场空。

话说当前是知识经济时代，就是将知识和创新结合起来的一种新的经济模式，只有不断地创新，知识才有生命力。但仅有知识还是不够的，必须将知识转化为生产力，知识才有价值。

第三章

雄鹰展翅，发奋图强

——大学生活与励志

刚刚步入大学的大学生，对大学生活充满了憧憬和期待，希望能学有所成，创造出一片属于自己的天空。或许刚刚步入大一的同学还存在各种各样的困难，然而通过勤于思考和不懈的努力，保证每天都有良好的精神状态，这一切都可能实现。

第一节　什么是励志?

一、满眼的励志书，励志很神秘吗?——白话励志

励志并不是多难的事情，它渗透到每个人学习生活之中，它通过平时点滴的努力就可以取得。古希腊哲学家亚里士多德说，“优秀是一种习惯”。生活当中，要有一种良好的精神状态，态度成就习惯，习惯成就人生。做好一件事首先取决于是否想做好这件事，然后才取决于是否能坚持做好这件事。

小A来自农村，父母艰辛的生活状况让他非常珍惜自己的学习机会，从上小学到高中毕业，他的学习成绩一直名列前茅。2010年，小A以高出重点线50分的优异成绩考入了北京市某重点大学，开始了大学的生活。此时，在他的眼中，自己已经高考成功，终于没有必要再像以前一样辛苦的学习了，于是，他开始上课迟到、早退，甚至逃课泡网吧、抄作业……渐渐地，他开始听不懂老师讲课的内容，对所学的知识也不再感兴趣。到期末考试时，他因为挂科太多，被学校学业警示。

小A的实例值得我们思考，不管以前他有多优秀，在新的环境中

不努力，也不会取得优异的成绩。保持优秀，是一种良好的生活习惯，需要我们时时刻刻用良好的精神状态对待生活，成绩只属于过去。

在中国，小A的例子不少见。在很多家长和学生看来，高中是最辛苦的，一旦高考成功，家长、学生紧绷的神经就放松下来了，丢掉了学习的精神和毅力。其实，国外很多大学学子的学习状态与中国学生恰恰相反。比如，在哈佛大学的图书馆里，没有昼夜之分，学生经常通宵达旦地学习；在学生餐厅，也很难听到说话的声音，因为许多学生端着比萨可乐坐下后，往往是边吃边看书或是做笔记，很少有学生边吃边闲聊。所以，有人说哈佛的餐厅不过是一个可以吃东西的图书馆，是哈佛正宗100个图书馆之外的另类图书馆。而哈佛的医院有同样的宁静，候诊时许多人都在阅读或记录——医院仍是图书馆的延伸。难怪，哈佛产生的诺贝尔奖得主有33位，美国总统有7位。

在哈佛校园里，不见华服，不见艳妆，更不见晃荡的闲人，只有匆匆的脚步。其实哈佛不是神话，它只是一个证明，是人的意志、精神、抱负、理想的证明。哈佛是一种精神的象征，它告诉世界，哈佛的每一个学子，都有一种良好生活的精神状态。

良好的精神状态塑造了成功的人士。所以说，中国的大学生更需要仔细思考一下自身的的生活状态，大学，依然不可放松。

二、“励志”其实是你陌生的老朋友——励志无处不在

每个人都需要励志，无论其年龄、身份、地位，励志是成长成熟过程中必不可少的品质。在电影《肖申克的救赎》中，银行家安迪被错判入狱，由于靠外界不能为自己洗清冤屈，只能凭借他自己银行家的天赋以及多年不懈的努力，创造了人生的奇迹。其实，无论一个

人当下如何，都需要靠不懈的努力，才能主宰自己的人生。当安迪处在学习阶段的时候，他通过不懈的努力成功的成为银行家；当他沦为囚犯的时候，照样靠自己不懈的坚持，为自己赢得精彩。

1. 励志的普适性（励志无处不在）

对于大学生来讲，十几年寒窗苦读，终于跨过了高考的门槛，面临新的学习生活。无论曾经有多辉煌，或是经历过多不堪回首的往事，到了大学，一切都归于零，大学是一个全新的起点。需要时时励志，走向新的顶点。

清华大学有一位非常优秀的学生，高考的时候是某省的理科高考状元。他在进入这样一个高等学府以后丝毫没有放松对自己的要求，坚持每天早上6点钟起床锻炼身体，晚上一直学习到11点休息，除了正常的学习生活之外，他竞选了班级的班长，认真组织班级的每一项活动，并且热心于帮助每一位有困难的学生。资质聪颖的他取得了所有老师和同学的认可。一次聊天时别人问他："你已经取得了这么优异的成绩，为什么还这么拼命？"没想到他笑着说："优异的成绩？我可没有这么觉得，我离'优秀'差得很远，而且，我做过的每一件事情都已经过去了。现在，每一分钟我都在为自己的理想奋斗着，我觉得我是充实的。"

也许有的同学看到这里会觉得，他是名校的学生嘛，肯定有着比大部分学生都好的学习环境和好的学习条件，所以他容易让自己保持优秀。但是事实并不是这样的，在生活中无论我们处于什么样的环境中，只有自己鼓舞自己，才能激发出上进心，而客观条件是次要的。时时保持一种良好的精神状态其实是一种难得的品质。埃莉诺·罗斯福（Eleanor Roosevelt，美国小罗斯总统的夫人）曾说：

“除非你愿意，否则没人能伤害你。”圣雄甘地（Gandhi）也曾经说过类似的话：“除非拱手相让，否则没人剥夺我们的自尊。”可见，自己才是命运的主宰者。很多时候，不是厄运、伤害发生在了我们身上，是我们听任这些遭遇发生在自己的身上。反过来，对自己的鼓励也是如此。

李同学是北京一所著名理工科院校的学生，但他读的是文科专业。大一刚入学的时候，她觉得在这样一个理工科强势的学校学习文科非常有压力，于是开始抱怨学校的文科专业学习氛围不浓厚、学校对文科专业不够重视等，浑浑噩噩地过着每一天的生活，一学期以后，她的成绩十分糟糕。但是，她很快觉醒过来，她意识到，只有自己可以挽救自己，既然曾经能取得那么优异的成绩，现在又有什么不可以呢？从此以后，她每天起早贪黑地在课堂、图书馆学习，课余时间组织参加学生活动。落后了再去追赶是很累的，在疲惫的时候，她也想放弃，但是每次想起自己树立的目标，想想第一学期很失败的学习成绩，她就会鼓励自己继续努力。功夫不负有心人，在大一的第二个学期，她成绩飞升之班级第一，并且当选校学生会某部门的部长。从她的例子可以看出来，横在成功和堕落之间的，不是什么环境、条件之类的，而是自己的行动。

我们都生活在社会中，都需要实现人生的价值。马斯洛的需求层次理论说明当人类满足了基本的生活生存的需求之后，就会有更高层次的需求，比如期望自己被尊重、被需要，期望自己实现人生价值。事实上，一个人的需要是无止境的，对于刚刚步入大学校园的大学生来说，这却是个励志的好方法，让自己保持积极的心态和精神面貌，将内在的需要付诸实际行动，并为之而坚持。

大学阶段，同学们都有很强的可塑性，不同的生活方式可以让最终的人生道路大相径庭。在校园里，不用为生计而整日奔波，有着良好的学习环境。可是，却有那么多的人意志不够坚定，方法不够正确，情绪不够理智，使自己最终与成功擦肩而过。这是多么可惜啊！读大学的青年，每个人都不能忘记励志，要保持良好的精神状态，时刻提醒自己，“我们才是自己命运的主人”。

2. 励志的必要性（励志是成功的前提）

有没有一种方法，不励志就可以成功呢？下面做一个小测试。请闭上眼睛回顾一下，你年幼时对自己的人生理想是什么？你只需考虑年幼时的记忆，而不用考虑其可行性。依理想的重要性依次写下五条。如果忘记了，可以改为写下高中时对自己大学生活的目标和期望是什么？然后坐下来，安静的想一想，这些理想实现了吗？是什么原因导致自己没有实现年幼时的理想？再思考一下，如果给你机会重新走过一遍，这些理想会不会有机会实现？

我国前任总理朱镕基，一生命途多舛，尚未出生的时候，父亲早逝，九岁的时候，相依为命的母亲也因贫病而死。生活贫困的他靠奖学金完成了学业，并于1947年以湖南状元的身份考进了清华大学。在清华，他是学生会主席。在各种各样的困难面前，他没有退缩，而是向社会证实了自己的能力。他1949年加入中国共产党，尚未毕业便已参加工作，成为清华有名的青年才俊。从清华大学毕业后，随后即被派往东北，担任东北人民工业部计划室副主任。1952年，他又参加了国家计划委员会的筹建工作，被当作最有潜力的年轻干部。1958年，脾气倔强、性格率直的他“因言获罪”，被打成“右派”，从此陷入了长达20年“苦其心志，劳其筋骨，饿其体肤”的蹉跎岁月。1983年，中国第一位“前右派”的副部级任命获得通过，朱镕基被任命为国家经委副主任。电机制造专业的他，成为了继邓小平以后，中国政坛最出色的经济学专家。此后，他兼任中国人民银行行长，还担任过清华大学经济管理学院17年的院长、博士生导师。

只要大家平心静气的仔细思考，就会有些感悟，理想没实现是不是励志不够？笔者有一个朋友，从他3岁开始，母亲就半身不遂，家中还有一个刚满周岁的弟弟，所有生活的费用开支全靠父亲一人务农和农闲给人打工赚取。他的童年充满了生活的各种心酸，记忆里只有父亲劳碌的身影、母亲病痛的表情、弟弟饥饿时的哭喊，以及好心的邻居送来的饭菜……小学三年级时，老师布置的课后作业是写一篇名为《我的理想》的作文。在作文中他说，他的理想是当一名医生，不是简单的给病人打针吃药，而是要掌握足够多的医疗知识，多到可以治愈妈妈的病痛，多到可以挽救无数个像自己这样的家庭……或许在当时的老师和同学看来，这仅仅是一篇作文，但是他却将这个理想根植到了心里。生活依旧艰辛，从小学到高中，他和弟弟包揽了家中所有的家务活和农活，在社会人士的资助下他顺利考上了北京大学医学院。进入大学的他，依旧没有忘记儿时的梦想，他如饥似渴的吸收着各种知识，大四毕业的时候顺利保送本校硕士研究生，研究生期间，又由于学业突出，被推荐到瑞士继续深造。现在的他，终于实现了儿时的梦想，可以凭借自己的能力挽救很多陷于苦难中的家庭。

毫无疑问，他在学业上成功了，但是别人更加感叹于，在那样艰苦的生活条件下他依然乐观淡定。没有那份坚定的信念，没有良好的精神状态，没有时时给自己励志的行动，他是不可能取得成功的。当时和他坐在同一间教室的同学，有很多人都随着时间的流逝耗尽了自己的进取心和魄力，每每想起这位同学的经历，他们都由衷的感叹，其实不是自己没有能力做好，只是因为自己没有坚持，没有努力。

每个人都有自己的梦想，而且往往越年轻就会越有挑战性。幼儿园的时候，或许我们想成为“科学家”、“画家”，想“去太空旅行”，想“制作宇宙飞船”……高中的我们期望自己的大学生活丰富多彩，希望我们取得优异的成绩，希望有属于我们自己的舞台……到了大学这样一个可以实现自己梦想的地方，有的同学反而觉得离梦想越来越远了。曾经是受人瞩目的高才生，可是现实的挂科、逃课、自杀等现象让社会、家长担心和痛心。

面对现实，总有学生的实际行动跟不上最终的目标。成功其实并不是那么遥不可及，但是要做到能拒绝借口，用良好的精神状态面对每一件事情，积极的实现自己的人生价值，也并不是一件人人都能做到的事情。中国的大学生大部分在高中阶段都非常辛苦，用尽了积蓄多年的力量，其实大学更需要努力。

第二节　励志不在课程表上，但却是大学最重要的一课

一、每个成功者背后都有一个精彩的励志故事——励志成功带来胜利

在大学生活中，如果把实现大学的理想、目标比喻成一次远途旅行的话，那么励志无异于路边的服务站，能确保我们朝着目的地坚定地走下去。励志能保证我们的方向正确，还能为我们这次旅行提供源源不断的能量，它是大学这场旅行生活中必不可少的一部分。

当你是地平线上一棵草的时候，不要指望别人会在远处看到你，即使他们从你身边走过甚至从你身上踩过，也没有办法，因为你只是一棵草；而如果你变成了一棵树，即使在很远的地方，别人也会看到你，并且欣赏你，因为你是一棵树！

——俞敏洪

对于大一、大二的学生，励志并不是一件很容易的事情，因为励志往往要克服很多的困难，同时需要付出很大的代价。环顾四周，我们身边做得非常成功的人比例并不是很大，而这些人有一个共同点，就是都克服了很多的困难，坚持了自己的梦想。

俞敏洪现任新东方教育科技集团董事长兼总裁，全国青联常委、全国政协委员，被媒体评为最具升值潜力的十大企业新星之一，20世纪影响中国的25位企业家之一。他成功背后的奋斗历程让无数人折服。北大，这个让无数人羡慕的学府，爱情、学业、事业在激情地向前奔流，却似乎全与他无关。

他在一次演讲中陈述他的大学生活。“我是全班唯一从农村来的学生，开始不会讲普通话，结果从A班调到较差的C班。进大学以前没有读过真正的书，大三的一场肺结核使我休学一年，结果练就了现在这副瘦削的土魔鬼身材。”在他大学同学的印象中，俞敏洪属于沉默寡言被人冷落的后进生，同学们谈论的爱情话题对他来说却完全真空。“北大5年，没有一个女孩子爱我。”但是，他的第一份忠贞的爱情在历经波折后一直延续至今。由于在外做培训惹怒了学校，当时北大给了他一个处分。他觉得呆下去没有意思，只好选择了离开。那时是在1991年底，他即将迈向而立之年，走出北大成了人生的分水岭。“北大踹了我一脚。当时我充满了怨恨，现在充满了感激。”俞敏洪说，“如果一直混下去，现在可能是北大英语系的一个副教授。”所有这些幸运和不幸，都在北大降临于他。他注定是要经历种种挫折的人：三年的高考，迟到的爱情，病魔的耽误，拖沓三年半的出国未果，还有学校的处分。北大成了俞敏洪一切的酸甜苦辣的吞吐地。如果没有坚定的信念，没有乐观的精神，俞敏洪面对失败或许一蹶不振，或许整天抱怨着自己如何不幸。“我是唯一他们不会想到会搞出这个学校的人。”俞敏洪坦然地说，“任何一个人办了新东方都情有可原，但我就不能原谅。因为我在同学眼里是最没出息的人。真是这样，你可以去问他们。所以我用事实告诉那些在国外的大学同学，我的成功给他们带来了信心，结果他们就回来了。”现在他自诩他像“一只土鳖带着一群海龟在奋斗。”俞敏洪的高三补习班同学、现在北京新东方校长周成刚调侃地说，“苦苦奋斗了20几年，想不到竟要受他制裁！”北大这个令他爱恨交加的地方成就了他和他的新东方。俞敏洪表示他仔细思考过自己的一辈子，没有像别的同学盯着名次和荣誉，他的眼光跳过了这个境界。

俞敏洪的成长背景值得深思，在这样一个大的社会环境中，要想成长成才是一件不容易的事情，但是如果认定了一个目标，外界环境并不会刻意阻碍。在刚刚走出农村进入北大的时候，无论是家庭环境、成长背景、个人素质、学习能力，还是身体条件，跟同学相比，俞敏洪都没有优势，可在大学里的打击，竟最终成就了他现在的成功，这不是巧合，而是实实在在的凭奋斗做到的事情。现在，很多同学刚刚大一，对比一下俞敏洪。条件有多少比他当年还差？如果我们能一直怀揣一个希望坚定不移地为之奋斗，一定能取得最终的成功。相反，如果一直困扰于一时的失败不能自拔，或许将会永久的失败下去。

二、每个失败者，都能在励志的问题上找到原因——励志失败的后果

凡是挣扎过来的人都是真金不怕火炼的；任何幻灭都不能动摇他们的信仰：因为他们一开始就知道信仰之路和幸福之路全然不同，而他们是不能选择的，只有往这条路走，别的都是死路。这样的自信不是一朝一夕所能养成的。你绝不能以此期待那些十五岁左右的孩子。在得到这个信念之前，先得受尽悲痛，流尽眼泪。可是这样是好的，应该要这样。

——罗曼·罗兰

生活并没有想象的那么美好，总会有这样或那样的不如意。有人曾经在跟大一学生聊天的时候发现了一个问题，很多学生到了大学突然变得失落和空虚。高中阶段，大家每天都有上不完的课，做不完的作业，考不完的模拟试卷……每当累了想休息或是想放弃的时候心中就会有一个信念出现，那就是考大学。有一个学生是这样描述他的感受的，“高中的时候无论有多辛苦，心中都有一个念头，那就是能考上大学。有时候累了就会想想大学有多么美好，大学的生活有多么充实，这样就会坚持下去。可是现在真正步入了大学，过上了大学生的生活，心中反而变得很失落，感觉突然一下子失去了目标，不知道自己想干什么。而且，真正的大学生活，并没有想象中的那么幸

福那么开心，还是需要面对很大的学习任务，觉得自己像是被骗了，到了大学还是需要好好学习，却没有了方向，盲目地过着每一天的生活。”其实，有这样想法的同学不在少数。这部分同学如果不能正确认识大学的生活，及时纠正自己的观点，盲目地生活下去的话，很容易浑浑噩噩，对大学生活失去信心。有些学生抱怨学校的条件、环境不好，后来慢慢的对上课失去兴趣，开始逃课、旷课，再后来就对学习本身失去了兴趣，彻底堕落了。

很多同学把生活想得太理想，到了大学，他们把更多的精力放在了关注学校、环境的外在的条件上，而忽略了自己的努力重要程度。本来，学生的性格就各不相同，有的人能很快适应大学生活，有的人迟迟不能适应，这样一来，一部分以前很优秀的同学在大学里落后了，他们的心理负担也增加了。其实，大学里遇到的困难并不算大，乐观积极的人在每一次忧患中都能看到机会，而悲观消极的人都在每一次机会中都能看到忧患，为什么不尝试着调整自己的心态，让自己时时刻刻保持良好的精神状态呢？那样一来，或许就可以会把握住人生的每一次机会，成就别样的人生。成功和失败之间的距离并不遥远，幸福和痛苦也不是生活的两个极端，有时候仅仅在于平时的一个习惯、一个思维方式、一次简单的沟通、一个阳光的微笑……

有一个来自深圳的学生，家庭条件很好，从小被父母宠爱，学习成绩也好。高考时，只是由于带病参加考试，影响了发挥，最终进入了一所一般的大学。到了大学以后，他陷在高考的失败中不能解脱，他总在想，如果自己发挥正常，或许就能在自己理想的大学中学习。他不断地将现在的学校和自己理想中的学校对比，抱怨老师教学水平差，抱怨学校太小，抱怨学校环境不够优美等。巨大的心理落差让他非常沮丧，渐渐地，他变得不爱说话，对老师讲课的内容也失去

了兴趣。有人发现他整天心事重重地游走于学校的各个地方，偶尔跟同学聊聊天，也只会说些报怨的话，比如“咱学校还没有我的高中学校大”、“咱学校连游泳池都没有”……老师和同学们一直努力地想让他融入现在的生活中，但是他反而觉得老师和同学太没有追求，竟对这么差的条件都满意。最终，在大二下学期的时候，他因为得了严重的抑郁症不得不休学回家。

我们当中，总有同学面临各种各样的困难。有些同学来自农村，突然到了大城市，看到自己生活的圈子和繁华的都市差距这么大，心理难免有些自卑；有些学生父母身体条件不好，无法像别的同学一样享受父母的关爱照顾；有些同学天生资质较差，后天学习条件又不好，看到多才多艺的同学，总觉得抬不起头来；还有些同学，从小家庭条件非常好，在他们的印象中，自己想要的东西都会拥有，但是到了大学，突然发现生活其实很残酷，自己的力量原来是如此的薄弱，根本没有办法改变外界……重重的困境，使爱面子的我们面临各种各样的烦恼。

仔细审视一下自己，是不是花了很多的注意力在外在的环境上？几乎每个人都知道，没有办法改变外界环境的时候要调整自己，适应环境，努力地让自己变强，等有足够的能力的时候再来改变环境。但是大学环境中，又有多少人做到了？有些同学仅仅是停留在抱怨上，根本没有将对现实的不满转变为自己的动力。相反，这种抱怨大大阻碍了前进的步伐。

大学阶段，是人开始接触社会的时期，从这个意义上说，大学是学生成长过程中最重要的时期之一，是世界观、人生观、价值观全面形成的关键阶段，同时也是学生心理、情感、学习等方面问题的多发时期。毫不夸张地讲，大学四年完全可以塑造出截然相反的性格。

很多学生在四年大学毕业之后发现，自己的高中同学跟以前完全不一样了，高中时看起来默默无闻的同学可能变得思维活跃、乐观积极，而高中时活跃的同学却可能玩物丧志、不思进取。

小A和小B从小一起长大，小学、初中、高中，都在同一所学校。高考之前，两人是公认的好学生。成绩也相差不多。高考发榜后，小A到了北京一所知名大学，小B则到了南方一所重点大学。

可是，高考之后两人的发展却出现了重大的变化。进入大学以后，小A感到自己知识匮乏，面对北京这个大城市，每天有各种各样的政治、经济新闻，她突然发现，自己原来有这么多的东西都可以学习。她给自己制订了学习计划，除了自己的专业知识以外，还要了解国家的政治、经济形势。小A的同学们喜欢谈论历史，她听不懂，于是她利用周末的时间逛北京的古迹，每天过得非常充实。

小B到了大学以后，如释重负，她觉得自己终于可以不再那么辛苦的背单词、算数学题了。她每天非常轻松地和新姐妹们聊天、逛街，关注娱乐八卦，研究如何穿衣服和化妆。大学开学还没两个月，小B就恋爱了。从此，每天煲电话粥成了另一门必修课，小B每天还在考虑去哪儿玩更浪漫、去哪儿吃饭更有情调，而迟到、逃课成了小B的家常便饭。

一学期结束了，两姐妹又聚到一起，小A发现，自己谈论的精彩见闻小B根本不感兴趣，而小B关心的娱乐、服饰，自己也根本提不起精神，就这样，两人之间的距离越来越远。到大四毕业的时候，小A凭借自己优异的成绩、丰富的学生管理经验和社会实践的经验，被一家知名的外企录用。而小B最终因为毕业去向问题和男朋友分手，一般的成绩、一般的经历，让她在求职的过程中屡屡碰壁。

从上面的例子可以看出，大学直接影响着我们的求职和工作，

小A在大学中找到了自己的方向，每天都过着精彩而有意义的生活，她做的每一件事情，都为后来的成功做好了铺垫，每一份努力，都为她后来的工作减轻了压力。可是小B，却在四年之内让自己与自己的姐妹差距越来越大。

大学的学习，不是简简单单的成绩好坏的问题，而是会影响我们的性格，最终间接影响毕业时的个人能力。差距是在每一天中慢慢积累的，可见大学励志的重要性和特殊性。初中时小A和小B也有过不同的学习观念，也有过贪玩分出过成绩优劣，但是在出现问题之后都通过个人的努力弥补回来了，但是，在大学四年里拉开的差距，或许十年、二十年都不能弥补。大学，尤其是大一，有些同学会被生活蒙蔽，不能正确给自己定位，也不知道自己想要什么，突然离开了父母、老师的庇护，变得不知所措，每天漫无目的的生活，导致了最终的失败。

大学阶段的励志是决定我们人生方向的关键时期，它不同于其他阶段的励志。举例来说，小学阶段我们有父母、老师的指引，只要有足够的毅力完成老师、家长的要求就可以健健康康的成长；等过了而立之年，有了健全的人格，有了明确的人生方向，我们需要做的就是勇于承担责任，出色地完成自己的事业；但是大学阶段是转型期，我们不仅需要清楚地认识自己，还要仔细思考，结合自己的实际情况给自己制定长期的目标，同时也需要坚定不移的为之奋斗。

第三节　励志能锻炼我们哪些能力?

在大学，需要学习的远远不止书本上的知识。大学通过前人已经总结出来的这些知识，训练我们思维方法，培养大家认识社会、适应社会的能力。大学里要励志，目标就是让同学们在离开学校走上社会的时候，有足够的行动力、忍耐力、洞察力、决断力和创造力。

一、实践是检验真理的唯一标准——行动力

行动力就是一个人将计划和想法转变为现实的能力，通俗来说就是当一个人有了目标或某种想法，能较快的制订计划并完成目标的能力。在电影《杜拉拉升职记》中，女主角杜拉拉是一个典型的职场白领，她具有超强的行动力。在电影中，杜拉拉刚刚大学毕业，在经历了种种找工作的挫折后，进入了一家知名外企。她从一个小职员干起。同样一件事情，在她的同事看来非常的困难，可是杜拉拉却凭借毅力完成得非常漂亮。在她的眼中，任何一件经过考察思索具备可行性的事情，无论有多大的困难，最终都可以完成。在困难面前，她没有给自己留任何借口，而是义无反顾地实施着每一步的计划，最终，她向单位的所有人证实了自己的能力，也给自己赢得了更多的机会。杜拉拉的事例告诉我们，只要肯行动肯付出，最终会取得成功。在那么多经验丰富或者能力超强的人面前，杜拉拉

赢的并不是能力，而是自己敢想敢做的行动力。这一点，值得在读的大学生学习。对于有些大学生来说，现在缺乏的不是想法，有些学生有非常美丽的梦想，自己设想着如果自己做了什么什么，自己将会有一个什么样的人生，只是在理想和行动之间，缺少了这种敢做敢为的行动力。

有一个来自辽宁的男孩，长得高高瘦瘦，非常的精神，父亲是当地的公务员，母亲是当地高中的老师，从小就生活在良好的环境中。他从小受父母的影响，想问题很透彻，对于学生工作方面也非常有能力，可是，在大一的下学期，他突然有一段时间非常的消沉，课不爱上了，学生工作也提不起精神。他的老师经过跟他聊天了解到，他从小到大身体不太好，父母就让他练体育，到了高三的时候他有两个选择，一个是单靠自己的成绩考一所一般的大学，另一条路就是靠自己的体育成绩以特长生的身份上一所重点大学，他选择了后者。经过艰苦的努力，他来到了重点大学的社会体育系。可是经过一学期的学习他发现，体育专业并不是他想学的专业，他觉得自己现在学的东西非常“虚”，对自己的就业起不到什么帮助，他想在大学毕业以后创业，所以想学经济管理学院的一些课程，但学校不允许体育专业的学生转专业，搞得他非常郁闷。他说：“我就是想在毕业的时候创业，如果我能够学好经济学的一些东西，会对我的创业有好处。我的叔叔就在做生意，我跟他聊的特别合得来，大三、大四的时候我可以到他的公司实习，积累一些经验，可是现在我学的体育专业，这跟我创业没有任何关系，我现在学习的课程也不会对我的就业有所帮助。”

反复地想，反复地郁闷，他变得无法静下心来，他的老师注意到了这些，开始找他谈话。在老师的帮助下，他意识到，整天“想”是没有意义的，有意义的是做些什么。于是，他开始好好上课，认真学习。他发现，大学学到的不仅仅是知识，还有在学习过程中的思维方式，这其实对未来更加重要。对于创业，他利用课余时间看经济学、管理学以及职场方面的书，为将来做准备。大二时，他骄傲地表示，他已利用假期时间把自己认真剖析了一下，知道了自己创业的优势和劣势。

对于有些大学生来说，他们缺乏行动力，他们不能找到解决方法，只能在自责中蹉跎岁月。而另一些人好像有些行动力，但一旦遇到大点的困难或者障碍，行动力就会失去。为什么会有这种情况？大家可能有这样的经历，新制订的学习计划，信誓旦旦的要每天看几个小时的课本、背几个小时的单词、锻炼几个小时的身体，但是没过几天就坚持不下去了……这些并不说明我们计划制订得不科学，也并不说明我们害怕吃苦、成不了大事，只能说明我们没有掌握科学的方法提高自己的行动力，没有最大限度地挖掘自己的潜力。

对于行动力差的这部分同学，要养成良好的行动力，首先要相信自己有能力，不要怀疑自己的能力。科学研究表明，每个人都具有很强的行动力，但是每个人的行动力的运用和发挥是不一样的，也就是说，行动力是可以经过科学的方法加强。其次，我们还要知道，任何目标的实现都是建立在行动之上的，但从开始行动到目标达成可能是个漫长的过程，基于这一点，在制定好目标以后，大家需要长久的奋斗，不能松懈。要定期地审视自己，是不是在为该目标做着有效的努力？是不是过于急切而违背规律？再次，行动力还要看我们实现目标的意愿和行动的决心，要告诉自己“我一定要做这件事”，决心越大行动力越强。行动力的加强要从小事情开始，绝不给自己任何借口。坚持，最后形成习惯。

翻 树 叶

项目概述：

这个项目的名称叫翻树叶，有时也叫翻帆布，这是一个以团队挑战为主的项目，挑战我们团队协作的能力。

人数时间：

团队挑战人数：14人左右

项目完成时间：70分钟

项目布课时间：10分钟

项目挑战时间：30分钟

回顾总结时间：30分钟

场地器材：

1.5米×1.5米左右或大小不同的帆布三张，全部学员可以站下并留出1/5空余。

学习目的：

（1）打破学员间的隔阂；

（2）培养全体学员的协作能力；

（3）培养学员对时间的管理能力和应对危机的能力。

布课过程：

（1）这个项目的名字叫翻树叶，假如我们是一群雨后受困的蚂蚁军团，我们有幸发现了一个大树叶，当我们站上树叶后发现树叶正面有毒，只有在30分钟内将树叶翻个面，我们才能获得安全，否则每个人都有生命危险；

（2）整个过程必须站在叶子上，身体的任何部分都不得接触叶面以外的地方，否则必须从头再来；

（3）活动中可使用的资源是大家的身体和聪明才智，不得借助其他物体；

（4）活动中注意安全，适当的身体接触有助于我们完成任务，但对队友的反对不得强求。

安全监控：

（1）活动要在平整开阔地进行，周围2米范围内最好不要有硬物；

（2）学员在活动中不要踢伤翻树叶的队友；

（3）尽量避免学员踩在队友脚上保持平衡，坚持不住的学员要及时报告。

项目控制：

（1）项目布置阶段

① 要有条理，及时反馈，确保学员了解任务要求；

② 安全要求讲解清楚，确保学员的安全。

（2）项目挑战阶段：

① 观察学员的整体倾斜与个别可能出现违规的动作；

② 学员轻易完成之后，可以换更小的帆布或让更多的人加入；

③ 也可以每隔一定时间就有一人中毒，自行决定失明或变哑；

④ 团队总是倾倒时，可以适当提高稳定技能，比如不要所有人都并脚站立，可以脚交叉分腿站立等。

回顾总结：

（1）对学员完成任务给予肯定和表扬。

（2）让每个学员简单讲讲各自感受，对于完成任务的关键学员、其他学员的角色和分工适当简单回顾。

（3）团队中的决策与执行情况怎样？是否出现过忙乱的过程，执行中是否大家都领会了活动要求等。

（4）翻叶子的人如何完成传帮带的工作。

（5）当个人感觉不平衡时，整体却处于平衡状态，而个人想调节平衡时，团队立刻开始失衡，如何调整个人与团队的平衡，在生活中有类似的情况吗？学员如果不能举例，拓展教师可以举些案例分析提升。

（6）可利用的资源是什么？时间、帆布、物质的人（身体）、聪明才智，如何更好地发挥他们的价值是完成活动重要一环。

（7）在人比较多时，如何排列？是从中间开始安排人站立还是从某一远离始翻点的地方开始密集，为什么？

（8）可以分享“瓶子里先后装入石头、沙子、水”的故事。

（9）生活中很多事情都有困境和逆境的转换，想想“塞翁失马”的故事吧，积极的生活态度也许会让生活更开心。

重点细节

（1）活动开始之初严格要求，学员在翻帆布时手指触地也必须从头开始；

（2）控制活动的帆布与人数之间的比例关系，尽量让学员经过艰难的努力后获得成功。

二、冬天已经来了，春天还会远吗？——忍耐力

忍耐力是指在现实生活中，我们为了完成某件事情、达到某个目标忍受疼痛或苦难和控制自己情绪的能力。经常会听到有些同学在气头上说：“我的忍耐是有限度的！”可见忍耐力是一个人必备的素质

之一。对于大学生来说，潜意识里总想趋于最舒服、最轻松的生活状态，但是如果大家在压力和困难面前总是退缩，不懂忍耐，就很难取得进步。

来自内蒙古的一位大一新生小王从小就想当一名军人，但是由于眼睛近视，所以与部队生活无缘。在大学校园社团纳新的时候，他看到国旗护卫队队员穿着军装英姿飒爽的样子非常羡慕，于是，他下决心要加入国旗护卫队，打算在大学以另外一种方式实现自己的梦想。经过多轮的笔试、面试，最终他被国旗护卫队纳入，考核期一个月。国旗护卫队一向以严格要求出名，要求队员每天早上6：30起床跑步，每天晚上8：00至10：00队员集中学习讨论。对小王来说，晚上学习没问题，但是早上6：30起床对从小习惯睡懒觉的他来说是一大的挑战。在很多次早上的精神斗争之后，他最终没能坚持下来。一个月以后，和小王一起参加面试的很多队友都成功度过了考核期，成为一名正式的国护队队员，而每看到当初在一起的国护队队友，小王就感到羞愧难当。对于小王来说，他有能力克服懒惰的坏习惯，只是自己的耐力不够，最终只能看着梦想与自己擦肩而过。

生活在学校中，在宿舍有舍友，在班级有同学，想跟同学们打成一片，就要适应同学们不同的性格和处事方式。生活在社会中，同学们需要与人相处，需要适应社会，需要通过自己的努力改变现状，都需要忍耐力。事实上，每个人都具有忍耐力。在现实生活中，每个人也都真正发挥着忍耐力。但是，每个人的忍耐力发挥的程度不同。比如，面对同样一件令人气愤的事情，同样利益攸关的人，有些会大发雷霆，有些却能淡然处之，这就是忍耐力的差别。有很多同学都有这样的亲身经历，小学的时候总是坐一会儿就坚持不住，然后看东看西搞小动作。到了初中，前两节课还能好好听课，到了后几节课，就又开始坐不住了。到了高中，为了能进入自己心怡的学校，我们学会了忍耐、学会了坚持，我们一遍遍背诵、一边边做题、一遍遍讨论……到现在，我们到了大学，在这人生的课堂里，需要更多的坚持，更多的忍耐。

忍耐其实并不是一件很难的事情，有的同学也有忍耐的意识，但是只是习惯了以前的处事方式，要想一下子改变需要一些毅力。笔者在大学有一个非常好的朋友，性格非常直爽，他在高中的时候脾气非常暴躁，每次看到不公平或者不合理现象的时候就会非常气愤，甚至压抑不住心中的怒火与别人发生冲突，他曾经不止一次的因为看不惯别人的做法而与别人打架。直至上大学之前的一天晚上，他母亲的一番话才让他开始认真思考自己的人生，“孩子，这个社会生来不是为你准备的，所以肯定有你不满意的地方。你要学会忍耐，学会用大脑解决问题，否则你的做法没有实质的意义。”于是，再遇到类似的事情，他忍住自己的脾气，想办法用大脑战胜对方，让对方心服口服地接受自己的观点。试想一下，如果这个朋友没有足够的忍耐力，一直由着自己的性子去做会怎样呢？最终恐怕只能落个“有暴力倾向”的称谓。

忍耐力包括好多种，比如说对事务的忍耐力，对人的忍耐力等。或许我们不喜欢某个人或者某件事，但是我们可以通过人为地控制自己的忍耐力，让自己接受某个人或者尝试去做某件事情。

忍耐力的量表

1. A量表

如果总是出现某种情况，请打“4”分；常常出现某种情况，请打“3分”；很少有这样的情况，打“2分”；从未出现过这样的情况，请打“1分”。分数打在每一道题的前面。

（1）处于变动的时代，是否保持耐心和不屈不挠？

（2）在变动的过程中，是否检讨自己和自己的眼光？

（3）对自己的眼光有信心吗？

（4）是否只对得要领的事做决定？

（5）是否避免在时机不成熟时做决定？

（6）只制定能有效执行的决策吗？

（7）避免对别人应做的事情做决定吗？

（8）会控制住自己对侵略性行为所采取的反应吗？

（9）是否养成把眼光放到未来的习惯？

（10）一旦您对未来有了一套看法时，是否会冷静自持，而非总是对后果牵肠挂肚？

2. B量表

请根据自己的情况，在每一道题的前面，写上“是”或“否”。

（1）是否能在原来的工作岗位上迅速适应同您的习惯格格不入的全新的工作规律、工作作风？

（2）能很快适应新集体、新环境吗？

（3）勇于公开表明自己的意见吗？特别是明知自己的意见不符合领导意图的时候？

（4）假如有人推荐您到另一个单位担任各方面条件都较好的职务时，您能毫不含糊地立即表示同意吗？

（5）对于已经发生的错误，是否竭力否认，或者是千方百计寻找借口开脱？

（6）能够向人说明自己不同意某事的真实原因和理由，从不采用各种言语或手段掩盖自己的真实思想吗？

（7）在处理某一有争论的问题时，如已经过认真调查和严肃讨论，弄清了事实真相，能够迅速改变自己原先的观点吗？

（8）在阅读处理文件或审定文稿时，发现文件或文稿思想正确，但文学风格您不喜欢，是否要求作者采纳您的意见并按您的意图改正？

（9）如果在商店或陈列橱窗里看见一种非常喜欢，但是并非十分必要的东西，您会立即买下吗？

（10）您会在最心爱的人的劝告影响下改变自己的决定吗？

（11）您能提前把自己的工作和休假计划定好而不随意更改吗？

（12）是否实现自己许过的诺言？

参考答案：

1. 忍耐力测评量表

得分如果低于30分，就应该继续努力培养忍耐力。

2. 意志力测评量表

	1	2	3	4	5	6	7	8	9	10	11	12
是	3	4	3	2	0	2	3	2	0	0	1	3
否	0	0	0	0	4	0	0	0	2	3	0	0

如果得分为0～9，表明被测试者是一个意志很不坚定的人，经常为一件小事翻来覆去考虑。这样的话，即使他很有知识，博学多才，经验丰富，但是由于其意志不坚定，将降低他在集体中的作用。这时，被测评者应该从日常生活中做起，努力培

养能够迅速做出自己的正确决定的意志力。

如果得分为10～18分，表明被测评者决定问题很谨慎，当需要对某一严肃问题当机立断做出决定时，可能不会屈从他人的意见；而当有充裕的时间进行考虑时，却可能屈服于环境，屈服于习惯势力。

如果得分为19～28分，说明被测评者的意志相当坚定，丰富的阅历和经验将帮助被测评者对绝大部分问题都能迅速做出正确的决定。

三、站得高，看得远——洞察力

谈到洞察力，就想起了小时候的看图作文，面对同样一幅图画，有的小朋友可以将其描述得栩栩如生，加上合理的逻辑推理，成为一篇非常棒的小故事。但是，有的小朋友怎么观察也看不出图中的奥秘，只能生硬的罗列一些词汇。可见，从小我们就在观察，而观察力从小就不一样。小时候大家观察的是“死”的东西，可到了大学，需要大家观察“活”的东西，千变万化、有规律但是又不一成不变遵循规律的问题，我们需要通过事物的现象分析事物的本质，需要根据事物的发展变化推测出事物发展的一般规律，同时还要将这种规律用于指导我们对未来事物发展方向的推测。洞察力是一种敏锐的能力，是在我们的生活阅历、知识水平、性格特点、生活环境的共同影响下形成的一种分析能力。

洞察力是人们对个人认知、情感、行为的动机与相互关系的透彻分析，是学会用心理学的原理和视角来归纳总结人的行为表现。通俗地讲，洞察力就是透过现象看本质。对于大学生来说，洞察力就是对于自己和自己情感的认知和对于未来生活的一种敏锐的观察分析能

力。洞察力强调的是对未来的一种合理的预测。举个例子，“温水煮青蛙”故事讲的是，科学家将青蛙投入已经煮沸的开水中时，青蛙因受不了突如其来的高温刺激立即奋力从开水中跳出来得以成功逃生。同样是水煮青蛙实验，当科研人员把青蛙先放入装着冷水的容器中，然后再加热，结果就不一样了。青蛙反倒因为开始时水温的舒适而在水中悠然自得，直至发现无法忍耐高温时，已经心有余而力不足了，被活生生的在热水中烫死。我们可以看出，“温水煮青蛙”是一个由量变到质变的过程，青蛙由于对渐变的适应性和习惯性，失去了对高温的戒备，对下一秒钟会发生什么没有合理的预测和洞察。

洞察力对于大学生的励志来说是非常重要的，有了洞察力，就能合理推测事务的发展方向，从而为未来的发展道路扫除了很多的障碍。为什么说有的学生在学业上是高才生，但是在科研上却做不出什么成绩，遇到问题就会一筹莫展，找不到解决问题的方法？归根到底是缺乏对问题的直觉和洞察力。在某高校材料学院的一个实验室里有这样一个学生，他学习成绩优秀，对于老师课上讲的理论知识记得非常清楚，但是最大的问题就是在做实验的时候无法正确判断实验结果的发展趋势，对于实验药品和试剂的添加也没有正确的估计。所以，看着实验室里其他的同学已经在导师的带领下参加科技大赛，他只能看着自己研制科研产品干着急。

洞察力一部分来自我们对知识熟练掌握以后的“悟性”，还有一部分来自于平时意识的培养。缺乏洞察力的同学，可以通过平时的学习提高自己的洞察力。洞察力的培养是不能仅靠上一门课或读一本书获得的，它是一种综合能力，最好的办法是让自己在实践和浓厚的创新气氛中“悟”出来。世界上的很多一流大学大都是研究型大学，它们通过教学与科研相结合，在学校里营造出浓厚的研究气氛，来促进学生创新素质的成长。这些学校有许多学术大师，学生有机会与大师直接交流。这些交流容易产生火花，以便让学生领悟对科学的直觉，同时产生非凡的洞察力。

对于刚进大学门的同学来说，培养洞察力首先要在学习的过程中注意提高自己的研究能力，充分利用学校的学习环境，多与校内外的学术大师交流。其次，提高洞察力还要提高自己的注意力，培养对事物的兴趣。平时在学习、生活中，一个非常重要的做法就是要集中观察。对自然科学来讲，“刻苦”这个词也许不是很贴切，如果你有好奇心和兴趣，从事的专业研究就无苦可言，只有乐趣。一旦有了乐趣，你可以把你的业余时间都花在上面，这样自然就很勤奋，对事物洞察力的培养也就是顺理成章的事情了。

大学生要主动创造机会去培养自己的洞察力，洞察力是很重要的，洞察力可以让人清醒地认识事务的本质，这对于个人的发展、人生价值的实现具有重要的意义。

四、当断则断，不受其乱——决断力

谈到决断力，或许你会想到做决定、有主见等词汇，这种理解是有偏颇的。决断力是指在面对一件事情的时候，你能够经过思考快速得出最终的结论。较强的决断力需要经验丰富、睿智敏捷的大智慧，不仅要做出正确的决断，同时还需要在较短的时间内做出决定。大学中有些同学就会有这样的经历，在面对一件问题或者抉择的时候，优柔寡断，瞻前顾后，迟迟拿不定主意应该怎么办，最终时间都浪费在了不必要的乱想上面。大学生在到了大三、大四面临毕业时，尤其如此，很多人迟迟拿不定主意自己到底是要考研还是要找工作，毕业以后到底是要留在大城市还是要到中小城市，每天犹犹豫豫，患得患失。

决断力的意义对于高年级的学生体现得更加明显，但是对于低年级的学生来说，也是非常重要的。例如，有些大学有入学后转专业的政策，目的是为了让学生有机更好的选择自己的适应的方向，学生一般在大一第一学期或第二学期就可以根据自己的成绩进行选择。

转专业本来是学生受益的好机会，但是却愁坏了来自上海的小张。按正常的高考成绩填报志愿，小张被某大学的英语专业录取，开始的时候她非常开心，因为自己对英语还比较感兴趣。期末考试小张的成绩位于专业前列，但到了提交转专业申请的时候，他听到同学们议论所在大学的理工科背景更强。英语在学校是一个弱势学科，他心中开始犯嘀咕，琢磨着是不是应该转一个好点的专业。于是，他四处打听每个专业如何。但是，由于自己都没太想清楚为什么转，转到哪里去，所以到了提交申请的截止日期还没有拿定主意。最后，他索性选了学校当时一个就业形势最好的专业。转专业成功以后正式上课，哪知他根本听不懂老师讲课的内容。他对新的专业不感兴趣，每天还要强迫自己去上课。结果，一学期下来整个人变得没一点精神。后来，他又费了好大的力气转回了英语专业。由于耽误了一学期的课程，还要自己利用课余时间补课。小张这种情况，就是由于他做决定的时候没有清晰的目标，没有根据自己的实际情况选择适合自己的方向，只是一味的盲从造成的。校园中决断力不强导致出问题的情况还很多，大多都是决断失误，或者迟迟拿不定主意而错过了好机会。

对于决断力不强的同学，想拥有较强的决断力，需要培养较强的思维分析能力，还有丰富的生活阅历，这样才能在面对大事情的时候以大局为重，从长远的角度来解决问题。一个人有主见并不代表有决断力，但是有决断力一定有主见。大学生，需要认识自己的决断力，更要培养自己的决断力。

为帮助了解自己的决断力，您可以下题为例测验自己：

偶然在路边捡到一千元钱，你想去买一件很需要的大衣，但是钱不够；如果去买一双不急用的运动鞋，则又多了数百元，你会怎么做？

（1）自己添些钱把大衣买回来。

（2）买运动鞋再去买些其他小东西。

（3）什么都不买先存起来。

解析：

（1）你的决断力还算不错，虽然有时会三心二意，犹豫徘徊，可是总是在紧要关头出决定，比起普通人来说已经算是杰出的了！你最大的特色是作了决定不再反悔。别太高兴，并不是因为你的决定都是正确的，而是因为你好面子，错了也不愿承认。

（2）你是拿不定主意的人，做事没有主见，处处要求别人给你意见，你很少自己做判断，因为个性上你有些自卑，不能肯定自己。这种人一定曾经受过某些心理伤害，或者周遭的人物太优秀了，因此造成老是有不如人的感觉。

（3）你对家的依赖性很高，若不到必要，你是不会离家独居的，即使迫于无奈你仍会和家保持密切的联系。你是个很顾家的人，紫罗兰的花语是永恒，正是你心目中家的功能。

请静下心来想一想自己的决断力如何，自己面临问题的时候是否可以高效地做出处理？

五、永远不做“大多数”——创造力

大学生要培养的另一个非常重要的能力就是创造力。我们都知道，创造力是一个民族兴旺发达的不朽灵魂，也是一个社会进步发展的不竭动力。这一点并不难理解，因为只有创造出新的事物，社会才可以摆脱旧事物，从而进步。通俗一点来讲，创造力就是在学习了现有知识的基础之上，能够创造性的提炼出自己的想法或者是发明出新的事物。创造力是一种能力，现在大部分学校都在提倡培养学生的创造力，但是有很多的学生仍习惯于“填鸭式”的教育，缺乏创造力。

大学的学习，就是要在现有的基础上创造出新的事物，凭借自己对已知事物的了解和新鲜事物的想象，将思维转变成现实的、有价值的成果。科学调查的结果显示，近现代世界上绝大部分重大科技发明创造，几乎都与中国无关；但当今世界上80%以上的重大科技发明创新，集中在美国、英国、德国、日本、法国、芬兰、瑞典、韩国、新加坡等少数国家，中国则在这些方面“默默无闻”。这是一个让人难堪的现象，曾几何时，中国的古代科技光耀全球，而如今，我们只能成为世界重大科技发明创新的配角。不得不说，这种情况与中国现在的教育体制和学生对于学习的理解是分不开的。

有一个外教讲过这样一件小事，大一第二学期期中考试的时候，有一个学生的成绩考得非常不理想，她气冲冲地跑来问原因：“老师，你复习的题目为什么不是考试题目？”教授觉得非常奇怪，为什么复习的题目一定要是考试的题目呢？这个学生理直气壮的说："我们以前这样的考试，都是老师提前画考试重点或者试题范围，考试的题目都是老师讲过的，有时候还要讲好几遍，其他科目都是这样，就只有您的课程成绩最低了。"

中国的很多学生在漂亮的成绩的背后，隐藏着巨大的问题：他们缺乏创新能力、缺乏动手能力，是典型的"复制型"学生。也许这不一定是普遍现象，但是人才培养的情况有如此大的缺失，不得不让人担心其对国家发展的影响。有的学生问："老师，我们学数学这些东西究竟有什么用？将来也用不上。"在很多的学生心中，学习就是为了最终的考试，而忽略了学习的本质是提高我们的思维能力，是为了解决问题。

在北京一所重点大学里有一个"异类生"，他每天有自己的事情要做，宿舍里堆满了各种各种的"实验器材"，包括木头、空易拉罐等，一有时间就会在宿舍忙东忙西。他上课的时候从不会像其他同学一样把老师讲的重点记了又记、背了又背，而是随手在书上圈圈点点，甚至会粗鲁的跟老师争辩某一个结论的可信度，在其他同学的眼中，他只是一个成绩中等的学生，没有什么远大的追求。可是这样一个学生，在大四的时候就已经拿下了四项专利，自己设计了无数个有意思的小东西。他没有把老师讲的知识装进脑子里用在考试的试卷上，而是将其用在了实践中。面对成绩他很释然，因为在他的眼中，学习不是一堆堆的数字，而是一种能力。

在学校中，同学们花费了大部分的时间用来学习课本上的知识，按照课本上给出的提示做实验，目的是为了充分认识和了解现有的事物，学习思考问题的方法。但是，这后面还有一环，就是在此基础上创造性地提出见解。学习不仅是一个不断重复的过程，更是一个不断创造的过程。有人发现，创造力较高的人一般都拥有较高的智力，但是智力高的人并不一定都具备卓越的创造力。西方学者研究表明，创造力高的人对于客观事物中存在的明显失常、矛盾和不平衡现象易产生强烈兴趣，对事物的感受性特别强，能抓住易为常人漠视的问题，推敲入微，他们意志坚强，比较自信，自我意识强烈，能认识和评价自己与别人的行为和特点。

课堂上，老师常说要有发散思维，要从一个问题想到与之联系的其他问题，并且能够理清楚它们之间的关系，当这个发散思维表现为外部行动时，就代表了创造力。可以这样说，知识是固定的，但是利用这些知识联想到的事物和解决的问题却是无限的，当我们能够发散地思考问题，利用有限的知识解决无限的问题的时候，我们就具备了足够的创造力。

创造力量表

这是一份帮助你了解自己创造力的练习。在下列句子中，如果你发现某些句子所描述的情形很适合你，则请在题目前写上A，表示“完全符合”；若有些句子只是在部分时候适合你，则写上B，表示“部分适合”；如果有些句子对你来说，根本是不可能的，则写上C，表示“完全不符”。

注意：

① 每一题都要做，不要花太多时间去想。

② 所有题目都没有“正确答案”，凭你读完每一句的第一印象作答。

③ 虽然没有时间限制，但尽可能地争取以较快的速度完

成，愈快愈好。

④ 切记：凭你自己的真实感受作答，在最符合自己的选项内打钩。

⑤ 每一题只能打一个钩。

（1）在学校里，我喜欢试着对事情或问题作猜测，即使不一定猜对也无所谓。

（2）我喜欢仔细观察我没有见过的东西，以了解详细的情形。

（3）我喜欢变化多端和富有想象力的故事。

（4）画图时我喜欢临摹别人的作品。

（5）我喜欢利用旧报纸、旧日历及旧罐头盒等废物来做成各种好玩的东西。

（6）我喜欢幻想一些我想知道或想做的事。

（7）如果事情不能一次完成，我会继续尝试，直到完成为止。

（8）做功课时我喜欢参考各种不同的资料，以便得到多方面的了解。

（9）我喜欢用相同的方法做事情，不喜欢去找其他新的方法。

（10）我喜欢探究事情的真相。

（11）我喜欢做许多新鲜的事。

（12）我不喜欢交新朋友。

（13）我喜欢想一些不会在我身上发生的事。

（14）我喜欢想象有一天能成为艺术家、音乐家或诗人。

（15）我会因为一些令人兴奋的念头而忘了其他的事。

（16）我宁愿生活在太空站，也不愿生活在地球上。

（17）我认为所有问题都有固定答案。

（18）我喜欢与众不同的事情。

（19）我常想要知道别人正在想什么。

（20）我喜欢故事或电视节目所描写的事。

（21）我喜欢和朋友在一起，和他们分享我的想法。

（22）如果一本故事书的最后一页被撕掉了，我就自己编造一个故事，把结果补上去。

（23）我长大后，想做一些别人从没想过的事。

（24）尝试新的游戏和活动，是一件有趣的事。

（25）我不喜欢受太多规则限制。

（26）我喜欢解决问题，即使没有正确答案也没关系。

（27）有许多事情我都很想亲自去尝试。

（28）我喜欢唱没有人知道的新歌。

（29）我不喜欢在班上同学面前发表意见。

（30）当我读小说或看电视时，我喜欢把自己想成故事中的人物。

（31）我喜欢幻想200年前人类生活的情形。

（32）我常想自己编一首新歌。

（33）我喜欢翻箱倒柜，看看有些什么东西在里面。

（34）画图时，我很喜欢改变各种东西的颜色和形状。

（35）我不敢确定我对事情的看法都是对的。

（36）对于一件事情先猜猜看，然后再看是不是猜对了，这种方法很有趣。

（37）玩猜谜之类的游戏很有趣，因为我想知道结果如何。

（38）我对机器感兴趣，也很想知道它的里面是什么样子，以及它是怎样转动的。

（39）我喜欢可以拆开来玩的玩具。

（40）我喜欢想一些新点子，即使用不着也无所谓。

（41）一篇好的文章应该包含许多不同的意见或观点。

（42）为将来可能发生的问题找答案，是一件令人兴奋的事。

（43）我喜欢尝试新的事情，目的只是为了想知道会有什么结果。

（44）玩游戏时，我通常是有兴趣参加，而不在乎输赢。

（45）我喜欢想一些别人常常谈过的事情。

（46）当我看到一张陌生人的照片时，我喜欢去猜测他是怎么样的一个人。

（47）我喜欢翻阅书籍及杂志，但只想大致了解一下。

（48）我不喜欢探寻事情发生的各种原因。

（49）我喜欢问一些别人没有想到的问题。

（50）无论在家里还是在学校，我总是喜欢做许多有趣的事。

2.评分方法

本量表共50题，包括冒险性、好奇性、想象力、挑战性四项。

（1）冒险性：1，5，21，24，25，28，29，35，36，43，44这11道题。其中29和35为反面题目，得分顺序分别为：正面题目——完全符合3分，部分符合2分，完全不符1分，反面题目——完全不符3分，部分符合2分，完全符合1分。

（2）好奇性：包含2，8，11，12，19，27，33，34，37，38，39，47，48，49这14道题，其中12和14为反面题，其余为正面题目。计分方法同冒险性部分。

（3）想象力：包含6，13，14，16，20，22，23，30，31，32，40，45，46这13道题，其中45题为反面题，其余为正面题。计分方法同冒险性部分。

（4）挑战性：包含3，4，7，9，10，15，17，18，26，41，42，50这12道题，其中4，9，17为反面题，其余为正面题。计分方法同冒险性部分。

计算自己的最后得分，得分高说明创造能力强，得分低说明创造能力差。

创造力是可以不断发掘和培养的，可以从以下几方面入手。第一，培养敏锐的观察力和丰富的想象力，特别是创造性想象，以及培养善于进行变革和发现新问题或新关系的能力；第二，重视思维的流畅性、变通性和独创性；第三，培养求异思维和求同思维；第四，培养急骤性联想能力。急骤性联想是指集思广益方式在一定时间内采用极迅速的联想作用，引起新颖而有创造性的观点。

第四节　我该怎么励志？

大学生活中，有了正确的方向，有了励志的意愿，如果再能掌握正确的励志方法，将会对实现目标起到事半功倍的效果。励志，需要有理智、客观的思维，正确认识我们所面对的事务，并有坚定不移的信念。

一、因为相信，所以坚持——励志其实是个信念问题

深刻的认识我们要做的事情是我们做一切事的前提，但是对于大学生来说或许并不容易做到。因为生活中有头脑的人会仔细思考每

一件事情，然后才会理智的做出决断，但是对于大学生来说，面对问题时更多是从感性上决定该如何处理，大家更倾向于草率地做出决定。大学生较少的生活阅历决定了大家不太知道应从什么样的角度来思考问题，同时也决定了大家不总能从理性出发找出解决问题的方法。因此，深刻的认识我们要做的事情，是励志的第一步。

电影《三傻大闹宝莱坞》讲述了三个皇家学院的大学生如何挑战学校现有的教学模式，最终通过实际行动向学校传统意义上的教学证实自己的故事。故事中男主角兰乔面对学校种种“填鸭式”教学没有屈服，他深刻地认识到自己学习的目的不是为了得到一份毕业证书，不是为了拿知识来换取所谓的物质的奖励，他学习的目的是为了个人爱好，是为了将已有的知识用于工程生产。大学几年里，他犯了各种各样的错误，在皇家学院主任的眼中，是个不折不扣的坏学生，他甚至多次面临被开除的境地。但是，他始终有自己的想法，知道自己在这个学校究竟要学到什么样的东西。在这个著名学院的学生眼中，是绝对不可以用摩托车驮病危的老人去医院的，是绝对不可以用吸尘器帮助孕妇助产的，在分秒决定生死的关键时刻，兰乔却用实际行动征服了所有的当事人。兰乔之所以得到大家的认同，是因为他所做的任何事情，都知道最终要实现

什么。大学生在实现自己理想的过程中，有些人被外界的种种条件束缚不能成功，但更多人则没有深刻地认识他所面对的目标，被其他的诱惑所吸引而偏离了方向。生活中真实的故事远不止电影描述得那么简单。其实每一件事情都是由表象和本质组成的。认知能力越高的人，就能紧密联系自己的目标，通过主观的认识确定客观的事物。认知能力越高，就会越接近认识事物的本质。

对于大学生来说，大学阶段务必要正确地认识要做的事情。只有正确、深刻地认识我们要做的事务，才会高效率、高质量地完成这些事务。举例来说，今年冬天北方持续少雨，你会想到什么？有人仅仅想到这是干旱，但还有人想到，少雨意味着粮食减产，意味着按照这种情况发展的话粮价会上涨，从而引起其他物资价格的波动。可见，认识一个事物，仅从表面的直观理解是远远不够的。

深刻的认识所面对的事物是重要的，深刻认识就会产生比较坚定的信念，因为“我知道”这是怎么回事，就会明白“我要干什么”。比如，学外语几乎是所有学生面前的一大困难，大学生都知道学外语很重要，也都表示要好好学好口语、听力等，但是在外语的课堂上照样可以看到很多同学睡觉、翻手机，你相信他们深刻认识到学英语的重要性了吗？如果我们能把学好外语和生存、发展联系到一起，将其看作是自己生活必不可少的一部分，效果是不是就会好一些呢？比较一下那些面临出国而学外语的人的学习状态，我们就会发现，对事物的认识程度直接决定了对待事物的态度。

二、我的信念要是动摇了怎么办？

对于刚刚接触大学的同学们来说，每个人都有实现自己目标的信念，但是有些学生在实现的过程就会比较轻松，有些人却总是会遇到各种各样的障碍而停滞不前，主要原因是你是否深刻认识了自己所要实现的目标，深刻认识自己的目标才会产生深刻的信念，而信念是励志的源泉，有信念才会促使我们克服种种困难取得进步。

在某高校的美术专业有一个二年级的学生，学习非常的刻苦，别人每天花 3 个小时来练习画画，他每天能坚持除了吃饭睡觉以外的课余时间都在练习。刚开始的时候老师和同学认为他是好学而已，后来才得知，这个学生一年的学费是全家两年的收入，为了能支付他的学费和生活费，家里已是负债累累。他说，“我练习画画，不仅仅是我自己感兴趣，我身上还背负着全家人的希望。父母为了圆我的梦想，没有强迫我早点毕业挣钱，所以我的画，意味着全家的未来。”在画画的时候，他总能用独到的眼光捕捉人物的心灵，他的老师总是说，他不仅仅是在画画，而是用他的感情在和这个世界交流。由于天赋加上刻苦，他成为一名出色的画家。

要想成功地做成一件事情，就要对这件事情有深刻的认识，知道自己最终想得到什么，为什么要这样做，才会产生坚定的信念。对于我们大学生来说，要想深刻地认识事物并不是一件简单的事情，要有丰富的阅历和自己独到的眼光。有很多学生的生活阅历还达不到可以透过事物的现象看到事物的本质的水平。在这些学生的眼中，世界是平面的，单纯而简单的，只有当积累了足够的社会经验之后，才能够通过平面的现象看到立体的事物，也才能够从简单的现象中看到复杂的逻辑关系。在平时发现问题的时候需要多思考，多跟有经验的长辈、同辈交流，通过这种方式来锻炼自己认识问题的能力。认识问题越深刻，产生的信念越强烈。

小时候我们曾经无数次地看《西游记》，欣赏的更多的是故事中离奇的情节以及孙悟空高超的降妖本领。但是，现在如果安静下来看一遍，结果就不一样了。故事也在向我们讲述道理，取经路上之所以能够克服一重又一重的困难，面对那么多的坎坷和诱惑能毫不动摇，归结到底是因为他们有一个坚定的信念。取经不仅仅是拿到几本经书，还有普度众生、造福四方的追求，取经这件事，已经深深地扎根在了唐僧的心里。假如没有这样一个坚定的信念，在任何一个灾难面前，师徒四人都有可能失败。

信念的产生并不容易，并不是所有人在看待一件相同事情的时候都会产生信念，而是要当事人在自己特定的心态、生活环境背景下才会产生，就好比流浪的乞丐和牛顿同时被落地的苹果砸中一样。前者或许想到的只是自己的温饱，将苹果吃掉；后者想到的就能通过苹果落地的现象思考并分析一系列的物理现象和理论。因此当信念产生的时候，我们要维系信念，不断地强化信念，给自己创造一个良好的思考的环境，促使自己不断地思考，不断地去实践自己的信念。强化信念最重要的五个方法主要是逆向刺激法、榜样引领法、不断重复法、团队制衡法、阶段目标法。

1. 看看那些信念动摇后失败的人吧——逆向刺激法

到了大学，大部分同学需要独立地规划自己的人生，自我管理自己的时间和情绪。对于自律性强的学生来说，能理智地判断自己应该做什么、怎么做，最终走向成功。对于自律性较差的学生来说，就需要学习某些方法，让自己能坚定地实现自己的目标。当我们下决心完成一个目标的时候，下一步要做的就是要维系自己的信念，保证自己在长时间之内也能对这个目标保持高昂的情绪和热情，一个很重要的方法就是逆向刺激。逆向刺激是指自己在完成目标的过程中，通过以前出现的失败的案例让自己汲取经验教训，不断地强化自己完成目标的信念的过程。

著名诗人周涛的代表作《鹰之击》中描述的一个小故事是这样的，在旷野之上一只年轻的饿鹰发现了一只颓唐的老狼，兴奋地从高空盘旋而下，准备饱餐一顿。空旷的原野没有任何东西做掩饰，老狼完全地暴露于鹰的利爪之下。鹰开始了一次次进攻，将利爪深深扎进狼的骨缝里，鹰知道在这个时候狼凭本能会正常反扑，扭头来咬，但是这样会正中鹰的圈套，鹰的另一只利爪会插进狼的眼睛中。但是这匹老狼并没有这样做，或许他身经百战，看穿了鹰的阴谋，老辣的计谋扼制了自己的本能，他反而低头开始向一片灌木林狂奔。鹰的铁爪锁在它的骨肉之中了，扑着翅膀挣扎，像一架倒拖的犁，被拖向灌木林。它想抓住树枝，想借以重新腾空。但是，这只年轻的鹰，却抓住了不幸——两个铁钩似的利爪都已无法脱开了，它被劈胸撕成两半。这匹狼在逃生的过程中并没有盲目的根据自己的本能走，而是借鉴了自己同胞被捕的经验，没有被老鹰吃掉。

生活中也是这样，在成长成熟的过程中，可以吸取前人的失败教训，不要固执的一遍遍重复错误。小张是一个大一的学生，他平时学习比较刻苦，成绩也比较优秀，家长对他的期望非常高。大二开学一段时间以后，他迷上了网络游戏，总是幻想着游戏中的情景，慢慢的他出现逃课、不完成作业的情况，后来甚至发展到通宵玩网游的程度，眼看着他的成绩一步步下滑，到了期中考试的时候，他的专业课成绩已经由专业前十名落到了勉强及格的水平。老师和家长都非常着急，后来经过和老师、家长的多次深度沟通，他知道了自己学的是电子信息专业，有很多的机会接触电脑，因此沉迷于网络游戏的机会也就大一些，很多师兄挂科就是因为沉迷于网络游戏造成的。他下决心重新找回自己的学习生活，他把给老师写的保证书贴在自己的床头，

让舍友监督自己的上网时间，经过两个多月的努力，现在已经摆脱了对网络游戏的迷恋。他后来说，“当时也不知道自己是怎么想的，就觉得自己整天玩游戏没有压力，像是生活在另外一个世界中，后来知道了那么多学长惨痛的教训我才意识到自己这样下去肯定拿不到毕业证，全家人的希望就没了，慢慢着坚持就改过来了。”现在小张是班级的学习委员，每当发现有同学花过多的时间玩游戏，他就会把自己的亲身感受讲给同学听。同学们在大学期间犯一些错误是正常的，犯错误不等于自己就想走一条错误的道路，只是不知道错误的结果有多严重。对于励志过程中出现的短时间的迷茫、误入歧途等问题，可以借鉴以往的类似同学的经验，及时给自己敲响警钟，让自己的大脑保持清醒，不要一次次重复前人犯下的错误。

习惯了坐在教室里的同学们多多少少会有一些思维惯性，也许这些惯性恰是信念产生的源泉。但是，假如脑子里总是在想着去如何做一件事情，还是难免陷入疲劳。从反方向看一看，为自己敲敲警钟，更有利于激发人的精神。所以，让自己有一个发散的思维状态，多看看别人的失败，也相当于开辟了成功的道路。

2. 多想想那些忠于信念，最后成功的人士——榜样引领法

另一个维系信念、强化信念的方法是榜样引领，榜样引领简单来讲，就是在生活、学习的过程中，向身边某方面比自己优秀的人学习，最后使自己也变得优秀。身边优秀的人发挥的作用就是榜样引领的作用。众所周知，三人行，必有我师。生活中处处可以发现榜样，榜样的力量是无穷的，但是如何能发挥身边榜样的力量为自己所用，激发自己产生积极上进的信念，则需要好好思考。

小时候，我们常听说要“向雷锋同志学习”。现在，中国每年都

要评出“感动中国十大人物”、“中国十大杰出青年”等，这些人是全社会的榜样，他们担负着引领社会方向的任务。生活中，如果大家能够树立正确的榜样，向优秀的人学习，对于个人的成长成才的作用是非常重要的。榜样引领有多重要呢？有调查表明，一个家庭中如果年长的孩子学习很好，那么他的弟弟妹妹们成为好学生的机率就大；在一个班级中，如果把学习好的学生换一个宿舍，他身边人的学习成绩都都会有小幅的上升。从这些例子可以看出，“榜样”的影响对一个人成长的影响是很大的。同样的，要想维系、强化自己的信念，就要给自己找到优秀的榜样，不断地激励自己去进步、去超越。

我们生活在复杂的社会环境中，要能主动地明辨是非，确定人生中的榜样，自觉主动地去寻求榜样的力量，这样才会有利于我们成才。大家都听说过孟母三迁的故事，孟子小时候，父亲早早地死去了，母亲守节没有改嫁。一开始，他们住在墓地旁边。孟子就和邻居的小孩一起学着大人跪拜、哭号的样子，玩起办理丧事的游戏。孟子的妈妈看到了，就皱起眉头：“不行！我不能让我的孩子住在这里了！”孟子的妈妈就带着孟子搬到市集，靠近杀猪宰羊的地方去住。到了市集，孟子又和邻居的小孩，学起商人做生意和屠宰猪羊的事。孟子的妈妈知道了，又皱皱眉头：“这个地方也不适合我的孩子居住！”于是，他们又搬家了。这一次，他们搬到了学校附近。每月夏历初一这个时候，官员到文庙，行礼跪拜，礼貌相待，孟子见了一一都学习记住。孟子的妈妈很满意地点着头说：“这才是我儿子应该住的地方呀！”孟母为了能给儿子找到合适的居住环境，找到正确的榜样，不惜三迁住处。可见榜样对我们来说是多么重要，我们有时候会说某个人生活在书香门第，其实讲的就是孩子从小生长在一个爱读书的环境中，不自觉的会以父母或者兄长为自己的榜样，学习他们读书爱书的好习惯，从小养成良好的习惯。

当然，榜样不仅仅限于贴上一个榜样名号的人，很多时候，榜样是一种人或者事物的代表，或者说是一种精神状态。明星的生活方式、生活态度会影响很多人，是因为他们是公众人物，另外追星族们会把自己所迷恋的明星当成自己心中的榜样。但是对于大学生来说，更需要去挖掘身边的榜样。在寻找榜样的途中，也要注意辨别，有些人值得学习，有些人却会阻碍进步。因此，要学会观察这个世界，牢记目标，选择可以有助于自己成功的榜样，自觉摒弃不良的学习习惯。

3. 每天对自己说一百遍“我能行”——不断重复法

重复的作用有时远远大于理性的认知，不断重复是在树立了信念以后不断地对信念进行重复，争取达到强化信念的目的。一件事情，无论有多么重要，如果长时间不去想不去做的话，也会随着时间慢慢的被淡忘，所以，对于信念而言，不断重复就是要将一时产生的理想长久的定格在日常行为中，用以影响每一天的生活。孔老夫子说“学而时习之”，从小到大的学习过程也告诉我们，想让任何事永久记在头脑里，都要不断重复。

有这样一个故事：

一个孩子问一个亿万富翁：“你是怎样成为亿万富翁的？”

“一元钱一元钱地挣呗，当你重复一亿次时，就自然而然地成为亿万富翁了。”富翁回答道。“挣一元钱并不难，可是怎样坚持一亿次的重复呢？”小孩接着问道。

“你可以不去想一亿次，想得太多反而会增加你的心理压力，让你觉得挣一元钱也是那样遥不可及。你挣钱的时候只想着这是唯一的一次。既然是唯一的一次，你就一定要把它挣来。挣来这一元钱之后，再去挣下一个一元钱。如此反复，时间一长，你会发现，自己拥有的财富是许多个‘一元’，你会从自己过去的成绩中得到信心，那时候你的财富就不是一元一元地增加，而是一万一万地增加，甚至是百万百万地增加。”

这个故事是多么激励人啊，但对于信念来说，你会是这个富翁吗？

其实，信念的重复是要把人生的目标不断地重现在脑海，用于激励自己。疯狂英语的创始人李阳，在日记中不断地写“我有一个梦”，他的行为在很多人眼里看来甚至有些变态，但是他终于学会了英语；许多著名的演员在成名之前，每天都会对镜子中的自己说“我一定会成功”，直至名满天下；还有很多同学，早上起来先读一些励志的名篇，振奋自己的精神。这样的例子很多，事实上，对信念枯燥的重复带给我们的惊喜有时候远远大于我们的预期，试想，僧人为什么要诵经？经典作品为什么要重读？作为学生，既然要成功，不论是说出来、写出来、还是只在头脑中反复，不断地重复是一条金科玉律，重复得多了，它就会印在头脑里，就像一盏灯，直至它来临。

4. 用别人的力量监督自己——团队制衡法

现在的社会中，团队合作的要求越来越重要，大学生步入社会后团队协作能力也越来越被用人单位看重。因此，我们要锻炼自己的另一个非常重要的能力就是团队合作能力。团队是保证大家信念坚定

的重要手段，一个人掉队了不要紧，只要团队还在前进，他就会赶上来。

一个良好的团队，就是要充分发挥每个人的作用，争取让整个团队的效用最大化，在信念问题上也是如此。当一个团体建设起来，特别是发展成熟之后，会形成一种共同的价值观。这种价值观就是信念，当个人的信念变成了集体的信念，个人的成功变成了集体的成功，这种信念就非常稳固，团队中的人将不必劳心费力地不停鼓励自己，只要他还在这个团队中，就会自然而然地走上成功的道路。

我们再回忆一下《西游记》，取经队伍就很好的体现了团队制衡的作用。师徒四人中，有四种价值观念，其实大家都想去取经。但是，如果大家分头去取经，有谁会坚持到底？也许唐僧能，那另三个人呢？孙悟空每次受了委屈，便会想回花果山做齐天大圣，猪八戒则更简单，遇到困难就想回高老庄。这样一个看似一盘散沙的团队为什么最后取经成功了？因为他们是一个团队，每次有困难，打退堂鼓的只是少数人，个人的信念也许不太坚定，但在团体里，有别人的帮助，就坚定的多了。

大学生有各种各样的团队，包括宿舍、班级、科研团队、兴趣小组、社团等。在每一个团队中，都会有各种角色的人，很多人只注意到了团队“人多力量大”，却忽视了团队在凝聚信念方面的巨大力量。其实，团队的本质特点是具有共同的理想信念，否则，团队就没有价值。大学生要重视团队的力量。比如，组成学习小组，学习的效率就会高一点；结伴复习，考试成绩就会好一点；大家合伙搞项目，纵使最终不成也能坚持很久。为什么？这都是团队制衡的力量，它使个人的信念更稳定，行动更持久。

有轨电车

项目概述

这个项目的名称叫有轨电车，这是一个以团队挑战为主的项目，挑战我们协调一致、团结合作的能力。

人数时间

团队挑战人数：14人左右

项目完成时间：60分钟

项目布课时间：5分钟

项目挑战时间：30分钟

回顾总结时间：25分钟

场地器材

户外空场地一块，电车一套

学习目的

（1）培养学院获取胜利的信心和勇于向前的精神；

（2）了解提前演练对实际工作的价值；

（3）了解写作的一致性与指挥方式的作用；

（4）理解个人、小团队、大团队的相互关系

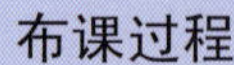

布课过程

（1）这个项目的名字叫有轨电车，这是一个团队挑战的项目；

（2）学员按照电车上绳的数量站在电车上，听到发令后让电车开动起来；

（3）活动过程中要保持步调一致，否则请尽快调整，如果调整不及出现摔倒的情况，手要扔掉绳子，同时大声地叫停告知同伴；

（4）不要把绳子缠绕在手上，失衡后脚要向两侧踏，不要向中间。

安全监控

（1）学员如有严重外伤史和不适合剧烈运动的可以不做此项目；

（2）尽量安排在平整的场地上；

（3）避免学员在过程中速度太快；

（4）如果安排拐弯，此处要防侧滑；

（5）拓展教师一定要跟随电车侧前方1.5米左右观察学员，做好防护准备。

项目控制

项目布置阶段：

（1）语言精练，重点突出，讲解清楚，及时反馈，确保学员了解任务要求；

（2）人数多时可以交替使用，建议一名拓展教师只使用一套电车。

项目挑战阶段：

（1）可以分开进行模拟练习；

（2）没有参与的学员可以在旁边保护，可以让其留心观察行进队伍；

（3）如果有指挥，最好是参加活动的学员指挥，不要在不默契的时候由旁观学员指挥；

（4）如果出现拐弯要提醒减慢速度。

回顾总结

（1）对所有人齐心协力完成项目给予肯定和鼓励；

（2）对活动中存在的问题进行简单地回顾，尤其是那些起到关键作用的学员；

（3）完成任务的方法需要所有人共同协商，就此和队员们分享自己的感受；

（4）经验是在不断的尝试与失败中总结出来的，积极尝试对完成任务的重要作用；

（5）统一的指挥对完成任务的重要作用，指挥者和领导者的异同是什么？

（6）团结就是力量。

重点细节

（1）有人失去平衡或倒地后，其他学员不要剧烈提放电车，倒地学员不要用手去扶电车；

（2）注意拐弯或设计特殊的路段。

同类项目

（1）有轨电车接力或多组比赛；

（2）可以用长绳代替电车完成此活动。

5. 从一个胜利走向另一个胜利——阶段目标法

谁都有自己的目标，每个人在不同的阶段也都制定过自己的目标。但是，如果说谁能通过充分分析所处的外界环境，根据自己的实际情况，制定出合理的阶段性目标，争取在最短的时间内保证自己的最终目标完成，这恐怕就不是每个人都能做到的了。生活中，很多人

以为最终梦想才是目标，别的都不算，所以很多人产生畏难思想。既然目标那么远，没有可操作性，怎么可能不失败呢？所以，在制定目标的时候，我们一定要注意目标制定的时机、方法，阶段性地制定目标才有意义。

1984年，在东京国际马拉松邀请赛中，名不见经传的日本选手山田本一出人意料夺得了世界冠军。当记者问他凭什么取得如此惊人的成绩时，他说了这么一句话："凭智慧战胜对手。"当时，不少人都认为这个偶然跑到前面的矮个子选手是在"故弄玄虚"。

10年以后，这个谜底终于被解开了。他在他的《自传》中是这么写的："每次比赛之前，我都要乘车把比赛的路线仔细看一遍，并把沿途比较醒目的标志画下来。比如第一个标志是银行；第二个标志是一棵大树；第三个标志是一座红房子……这样一直画到赛程的终点。比赛开始后，我就以很快的速度，奋力地向第一个目标冲去；过第一个目标后，我又以同样的速度向第二目标冲去。起初，我并不懂这样的道理，常常把我的目标定在40千米外的终点那面旗帜上，结果我跑到十几公里时就疲惫不堪了。我被前面那段遥远的路程给吓倒了。"

其实，要达到目标，就像上楼一样，不用梯子，一楼到十楼是绝对蹦不上去的，相反蹦得越高就摔得越狠。必须是一步一个台阶地走上去。就像山本田一一样将大目标分解为多个易于达到的小目标，一步步脚踏实地，每前进一步，达到一个小目标，使他体验了"成功的感觉"，而这种"感觉"强化了他的自信心，并推动他去达到下一个目标。

大成功是由小目标所累积，每一个成功的人都是在达成无数的小目标之后，才实现他们伟大的梦想。不放弃，就一定有成功的机会；如果放弃，就已经失败了。不怕艰苦，不懈努力，迎接自己的便是成功。

对于刚刚步入大学的同学们来说，很多人都在思考人生的规划。但是，有些同学可以根据自己的实际情况，将自己的人生目标进行合理的切分，根据时间进度，按部就班的设计每一阶段的目标。而另一部分的学生，却在设想自己目标的时候好高骛远，他们没有合理的规划，只有终点那一个目标。这部分学生总是觉得自己的目标遥不可及，为了实现他们的所谓理想，他们要么降低标准，要么就会干脆直接放弃。

所以，制定目标一定要有阶段性，要让小目标服务于总目标。比如同学们刚上大一，针对自己的人生理想制定阶段性目标的时候，先要认识自己的专业背景、专业课程设置、专业就业前景、本专业学生的学习情况，然后根据已经掌握的实际情况，制定每天需要做些什么、每周取得什么样的阶段性小进步，每学期取得什么样的成绩，大学四年着重锻炼自己哪方面的能力等，这样，让自己的每一步计划都紧贴自己每天的生活，再根据自己的最终目的不断地进行修正，才能让自己的阶段性目标紧密服务于大的人生方向。

第五节　克服励志的误区

一、常立志者无常志——励志与“决心”的区别

励志，就是通过某种方式方法激发自己上进的信心和精神状态，使其具备远大的志向和理想的过程。但是，对很多人来说，他们会将励志等同于“决心”。其实，两者之间的差别是非常大的。首

先从定义上来说，“决心”指的是做某件事情或达成某个目的的自信心，是一种纯意识上的东西，而励志是从宏观上激发自己内心深层次的志向，激励自己达到人生的某种状态。“决心”仅仅是针对某一件具体的事情的自信心，不包括行为。而励志则是对人生的方向和高度的一种选择，还包括在特定精神状态下行动的过程。

从励志和“决心”的最终效果来看，有了远大的志向，人就会变得积极、阳光、有追求，对自己的人生价值有清楚的规划。这一点上，励志和决心是相同的，但是，有了“决心”，却不一定就会为某一目的而不懈努力奋斗。

对那些刚刚读大学的人来说，未来很美，选择很多，有许多同学为自己的人生做出了各种设计，但是，有多少人真的去实现它们了呢？相当多的人只是把这些畅想当作精神上的调味品，每当真的要做的时候他们就会败退下来。他们为自己的退缩寻找各式各样的借口，然后又很快地表示对另一个目标的浓厚兴趣，这种貌似志向远大却疏于行动的做法就是光有“决心”而无励志。俗话说，无志者常立志，光有决心是无法达到人生的顶点的。

二、励志不仅是立志——勿把励志孤立起来看待

古人言：“不谋全局者，不足与谋一域；不谋万世者，不足与谋一时。”因此，励志并不是孤立的，而是一个体系，是需要我们综合自己多方面的综合素质，挖掘自己的最终潜力。结合自己各个方面的优势，规避自己的缺点，制定不同阶段的各个目标，这样，各目标产生的就是相乘效果，雪球效应。

有一个小故事是这样讲的，有一个小和尚在一座名刹担任撞钟之职。照他的理解，晨昏各撞一次钟，简单重复，谁都能做，钟声仅

是寺院的作息时间，没什么大意义。半年下来，无聊至极，“做一天和尚，撞一天钟”吧。有一天，主持宣布调他到后院劈柴挑水，原因是他不能胜任撞钟之职。小和尚很不服气，我撞的钟难道不准时，不响亮？老主持告诉他说：“你的钟撞得也很响，但是钟声空泛、疲软，没什么意义。因为你心中没有‘撞钟’这项看似简单的工作所代表的深刻意义。钟声不仅仅是寺里作息的准绳，更为重要的是要唤醒沉迷的众生。为此，钟声不仅要洪亮，还要圆润、浑厚、深沉、悠远。心中无钟，即是无佛；不虔诚，不敬业，怎能担当神圣的撞钟工作呢？”

仔细想一想我们的生活，与撞钟不是一样的吗？人生的各个阶段都是紧密联系在一起的，任何一个结果都有最初的原因。同时，要想把性格的种种特点结合起来发挥最大优势，也不是单单靠某一方面就可以完成的。

谈到励志，很多人只会想到励志的方法，会联系到自己需要达到什么样的目标、需付出什么样的努力；其实，这是对励志的一种片面的认识。励志不是孤立的，而是和我们的生活环境、和我们的生活背景紧密联系在一起的。

我们只知道，即便是相同的励志方法，对于不同的人来说，起到的效果也是不一样的，但是我们总是还会盲目的找各种励志的方法，而忽略了和我们的励志紧密相关的其他东西。励志，和我们的生活阅历紧密相关。我们的生活阅历决定了我们各方面的综合素质，决定了我们的价值观等。要想励志成功，首先需要培养我们其他方面的综合能力，比如自己的耐力、自己的抗压能力、自己面对困难时候的受挫能力等。其次，需要考虑我们的生活环境。不要一味的去尝试励志的方法，因为生活的环境会对我们的励志有直接的影响。不难想象，一个在学校读书的大学生的励志，和一个一直生活在农村、需要自己劳动维持生计的人的励志是不同的。

因此，在励志的时候不要盲目，要理智的看待自己的实际情况，这样才会起到事半功倍的效果。

三、理论上的巨人与行动上的矮子——励志依赖与励志疲劳

自从电脑普及，笔者就买了一台手提电脑，从此所有的工作计划和报告都用电脑完成；信件也都通过E-mail收发，感觉效率很高；拍摄的照片都保存电脑里，不时打开看看，增加了很多美好的回忆。电脑的出现使我感到工作、学习和生活都方便了许多。不管出差还是旅游，我都会带上电脑，在不知不觉中，它已经成为我生活中不可或缺的一部分。

但笔者也逐渐发现，电脑在提供方便的同时，却带来许多问题。首先，对汉字越来越陌生。有几次拿起笔来写文章，却发现许多字在我脑海中完全没有了印象，从简单的如"豢养"的"豢"，到复杂的如"饕餮"。自己只有到电脑上才会写文章。其次，上网的时间也越来越多了，有了电脑，不看电视，不听广播，书也看得少了，大有一天没电

脑，世界就停止运转的架势。

电脑的出现是人类的进步，但同时电脑也能在不知不觉中控制我们的生活，使人产生强大的依赖心理。

励志虽与电脑不同，但励志过度，也会带来依赖。励志依赖和励志疲劳是在励志的过程中极易出现的两种误区，励志依赖是我们由于需要通过不断的励志才能使自己正常的完成每天的生活，是励志的一种极端的结果。举个例子，如果我们想学习钢琴，可以通过励志的方法促使自己保持积极的学习钢琴的心态，坚定地坚持这个信念，每天不懈的努力，这就是励志；但是如果每天我们的作业、上课学习等都需要自己给自己找个励志的理由，才能完成，这就是励志依赖。励志依赖导致的直接后果就是励志疲劳。一个总需要励志的人，做什么事情都是困难的。请大家闭上眼睛想想自己的学习、生活，是否出现了这种情况，是否在完成每一件事情的时候都需要一个理由，是不是整天精神压力非常大，生活在一种频繁的励志状态中？

小A是某重点大学的学生，由于自己来自农村，家庭经济比较困难，上大学对于自己来说是一件非常奢侈的事情，因此初入学校的她励志要成为班级最优秀的学生。为了这个目标，她每天强迫自己学习，参加各项活动，把时间安排得非常满。但是由于自己基础较差，每次在学习、活动中表现并不是很突出，她开始心灰意冷，每一次小小的打击对于她来说都是对自己的一种否定。对于每一件小事情，她都需要找无数的理由才会重新鼓起勇气去尝试去争取。最终小A由于精神压力过大需要办理休学。

励志固然重要，但是不正确的励志又会使我们身心俱疲，这个平衡点不是很好把握，只能在生活中找到适合自己的方法。同学们要清醒地认识到，励志是一种通过分析自己的实际情况，给自己制定了一个方向性的信念，而不是过分看重每件小事，给自己太大压力，把励志变成促使自己完成每一件事情的理由和接口。

四、人有多大胆，地有多大产——防止亢奋型与幻想型励志

在励志的过程中极易出现的极端是亢奋型励志与幻想性励志，这两种励志的情况都是在励志的过程中由于不正确的方法或者急于求成而出现的病态反应。亢奋型励志是指励志以后出现的处于短期亢奋的生活状态，而幻想型励志则是把没有实现的东西过分具体化，沉迷于好像已经实现了的生活状态中。这两种病态的励志最终都会以失败告终。严重的亢奋型励志和幻想性励志甚至会导致人的精神失常。

大学生很容易在励志的过程中急于求成，从而走入这两种误区。同刚刚步入大学时，很多人有一种逃离“苦海”的心态，他们有很高的心气，特别想通过自己的努力干出自己的一番事业。但是，现实往往不尽人意，这种理想和现实的矛盾会让他们生活在痛苦的挣扎中。这时，不正确的励志就产生了。为了强迫自己完成某件事情，或是无法接受最终的失败，有的人时刻让自己保持亢奋的精神状态，但是短暂的高度亢奋之后出现的结果只能是筋疲力尽；而一旦发现自己无法达到最终的目的，又全盘否定自己，只通过幻想来安慰自己高傲的心灵。

大二的学生小宋就出现了这种情况。大一的时候由于自己没有好好学习，成绩一般。对此，她觉得非常不好意思，而家长、老师也在给她继续施加压力。到了大二，她对自己的学习状况非常紧张，下决心要好好学习。于是，她取消了自己的一切娱乐活动，每天单调的重复着三点一线的生活，宿舍、食堂、教室，一天学习近16小时。坚

持了几天之后她发现自己学到的知识明显地增多，于是她就又开始幻想着自己大二的成绩会如何的好，得到奖学金之后，家长和老师肯定对她另眼相待等。由于自己的学习方法本身就不对，枯燥的学习生活没过多久她就坚持不住了。为了能撑下去继续努力学习，她只能靠着幻想成功后的喜悦来给自己提供动力。没过多久，她就因为压力太大而崩溃了。

预防亢奋型励志和幻想型励志的唯一方法是进行心态调节，要紧密结合实际情况，放平自己的心态，既要有自己的目标，坚定不移的努力，又不要患得患失，因为一时的成功失败而大悲大喜。大学生有头脑、有想法，懂得很多道理，但是很缺乏人生的体验，更不够坚强到可以经历生活的历炼和打击。成长过程中的励志、成功、失败都是建立在健康生活的基础之上，只有怀着一种积极向上的心情，才能真正地激励自己成才。

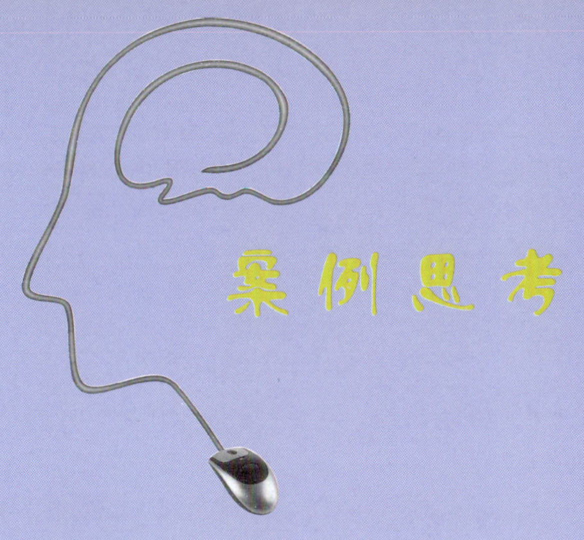

案例思考

李亦雯：成功不只一条路

收到12所世界著名大学的录取通知书，放弃了响当当的牛津大学，北京外国语大学德语系2006届毕业生李亦雯的选择着实让她的同学吃惊。

2006年上半年，李亦雯陆续接到牛津大学、伦敦经济政治学院、巴斯大学、德国洪堡大学、柏林自由大学、卡瑟尔大学、维也纳大学、华盛顿大学等12所世界名校的录取通知书。李亦雯被她所申请的世界各国学校全部录取。这些大学有6所提供了奖学金。

李亦雯告诉记者，自己没什么成功的公式和葵花宝典，也算不上好学生，在巨大的教育园里，她只是一棵疯长的野生植物。毕竟，每个人都有其与众不同之处，世上不只一种成功的模式。但发现这一点，她却用了大学的整整4年时间。

再不愿意做“好学生”了

李亦雯说，从小到大她都被认为是“豌豆尖尖”：成绩好，人缘好，当班干，习惯了当第一。

到了大一，她平均每天学习12个小时，比高三更累。练习德语到了嘴巴肿得张不开、嗓子疼得发不出音、用多了小舌头老想吐的地步。那时她每天煎熬着做个“好学生”，一如过去的18年。

上了大二，自己突然发现并不是每个人都争当“好学生”，班上有人放弃学业去了德国。她开始意识到，生活还有很多种可能性。当“好学生”除了满足虚荣心之外究竟有多大意义？她问自己：“我到底需要怎样的生活？”

李亦雯感慨，过去的19年竟然从没想过这些问题。长期的应试教育把自己塑造成了一个听妈妈话、听老师话、能考高分、会办活动的“好学生”，唯独没有教会自己如何独立思考。一种强大的自我否定的恐惧向自己袭来。

不是只有一种成功的模式

大二了，李亦雯决心不再当“好学生”，要把所有可能的事尝试一遍。

李亦雯说，大二的寒假，她百般周折成为了武汉西门子公司的实习生。实习期间，恰遇德国西门子总公司执行副总裁博格先生第一次到中国开会。博格先生要求，他在日常对话中用德语，在会议期间正式讲话用英语。那所公司在没有找到满意的双语翻译情况下，只有求助于19岁的李亦雯。

那时，李亦雯发现自己在学校里的勤奋没有白费。她通宵达旦花了几天时间熟悉公司业务，匆匆上阵。会议上，李亦雯准确地用英语翻译博格先生的讲话，会下轻松地用德语与他聊天，介绍武汉的风土人情。临上飞机离开中国前，博格先生主动为李亦雯写了工作推荐信。

短短两周的实习让她发现自己有很多考高分以外的能力：沟通力、亲和力、应变力。但是直觉告诉她繁杂的文职工作并不是毕业后的首选。

大二的暑假，作为学校的交流学生，她去了德国，还顺便旅游了法国、比利时、卢森堡和荷兰。在欧洲的一个月，留学的决定在她心中逐渐清晰起来。

逃课是为了找到方向

回国后，李亦雯开始为出国留学做准备。首先面临的问题是：该申请哪个专业？

为了确定自己的兴趣，她开始尝试各种社会实践。她说，大三整整一年，她听了数百场讲座，去欧盟商会参加酒会，去上海做德国机械产品展会，在中央电视台实习，到国家发改委听负责人用英语介绍国家十一五规划……有些活动，甚至是逃课去参加。

读大三的李亦雯通过德国在中国的一个官方文化交流机构，认识了德国著名纪录片导演克里斯蒂安。在克里斯蒂安到中国传媒大学作学术交流活动时，李亦雯担当他的翻译。

克里斯蒂安为中国传媒大学的研究生布置了一道“作业”——

自选题材，拍摄一部纪录片。熟悉情况的李亦雯提议去北京松堂临终关怀医院。在那家聚集着病重老人的医院里，却还生活着一个4岁的孩子——被父母遗弃的羊羊。

“孩子阳光般的笑脸出现在第一个镜头里，一个鲜活的生命，多么有震撼力啊！”李亦雯提议，在那里跟踪拍摄羊羊一天的生活，凸现生与死的对比。

这个点子立马让克里斯蒂安先生拍手叫好。李亦雯客串成了那部片子的副导演。

李亦雯还尝试着做商人。一次寒假，她回武汉老家，从武汉的汉正街买了一堆手机链、发夹、包包等小零碎，准备到学校练摊。可至今，这些东西一样也没卖出去，全锁在抽屉里。她笑称，自己实在没有勇气到食堂那样人山人海的地方吆喝。

一年下来，她根据自己的兴趣和优势把申请重点放在传媒、经济和历史上。

大三她参加了英语托福和德语达福这两个专门的语言水平考试，她决定既申请英国、美国，也申请德国、奥地利这些德语国家的学校。

当公务员、考研还是留学？大四时最易让人失去方向

然而，大四注定是多事之秋。李亦雯说，各种求职招聘与考研的信息弥漫在教室与寝室。人人都在议论当公务员的好处与辛苦，进国家各部委的利弊权衡。在这种环境中，人很容易失去方向随波逐流。

由于成绩和各方面的出色，外交部、商务部到北外招人，德语

系首推李亦雯。而且，只要她愿意，保送读研的条件也符合。放弃稳妥而又安全的国家部委工作和唾手可得的保研，走结果不可预测的漫长而又繁琐的出国留学这条路，尤其是报考世界著名大学，这对年轻的她来说，风险极大。李亦雯的父母也犹豫了。

“我到底追求什么？需要什么？”李亦雯无数次地问自己。

经过几个漫长的黑夜，李亦雯觉察自己最渴望的是出国继续读书。她第N次违背“好学生”行为准则，搬出了寝室，在学校附近租了一间小房，放弃很多国家部委与世界500强企业的面试，潜心准备出国。

欧盟商会为她写推荐信

李亦雯留学申请材料很“诱人”：托福考了630分，总分20分的德语达福考了19分。大学学习成绩每门课都在90分以上，连续4年名列第一、第二名。她担任过系学生会主席，承担过多次大型活动的组织工作。2006年被评为北京外国语大学优秀毕业生。留学申请材料，至少要有3封推荐信。李亦雯准备了5封，其中一封是欧盟商会在北京的负责人写的。

接下来是一次又一次面试。

……

放 弃 牛 津

上牛津大学还是上别的名校成了李亦雯和她的家人最艰难的选择。在一次一次的家庭争议之后，她做出了自己的选择：放弃牛津。

“如果从虚荣心的角度或以后找工作的需要，应该选择牛津。可是从专业考虑，我对全球化研究更感兴趣。如果到牛津，将会念比

较教育学专业，这不是我的兴趣所在。”她说。

在徘徊了一个月后，李亦雯终于从12所大学中选定了她的目标：维也纳大学和伦敦经济政治学院。第一年，她将在维也纳学习世界史。第二年，她将在伦敦研究经济史。两年后，她将拿到两所大学颁发的“全球化研究”硕士学位。

这个由欧盟提供奖学金的研究项目，总共在全球录取50名学生，其中有24名获得奖学金，中国只有4人获得了42万元人民币的全额奖学金。李亦雯是其中之一。

1. 李亦雯在大二时意识到了自己的哪些问题？

2. 李亦雯最后放弃牛津大学是否是明智的决定？她的理由你认同吗？

3. 李亦雯没有成为一个小商人，她说没有勇气在人山人海的地方吆喝，你是否也认为这是个勇气的问题？你认为不同方向的社会实践有高低之分吗？

4. 你觉得李亦雯身上最可贵的品质是什么？

优秀的人一旦发现自己的不足，会立即行动以弥补自己的缺

陷，这恰是优秀的人之所以优秀的重要原因。优秀的人身上有无数的光环，吸引了众人眼球，但他们身上真正可贵的，是对目标艰苦的努力、对自己清醒的认识、以及对选择执著的信念。

2 案例

刘琦开：校园里走出的总裁

1981年12月，刘琦开出生在革命老区井冈山的一个小村庄里，为改变艰苦的生活环境，父亲在刘琦开很小的时候，就到上海跑起小买卖。为了让孩子能受到良好的教育，父亲后来干脆把家搬到了上海，那时刘琦开刚上小学三年级。由于是外地人，从乡下转来，学习成绩又跟不上，刘琦开常常被同学欺负。倔强的刘琦开不愿忍受，在一次班会前，他向老师要求，由他来主持班会。会上，刘琦开边哭边说："我知道大家都看不起我，我学习成绩不好，又是外地人。如果你们因为这两点看不起我，听我把下面的话说完，你们以后不能再看不起我了。第一，我一定要考到班级前5名，在学习成绩上不落后于你们。第二，我告诉你们，现在上海生活非常好的那些人大多也是从外地来的，甚至可能你们的爸爸妈妈或者是爷爷奶奶以前也是外地来的，如果你们因为这个看不起我，你就是看不起你们的父母。"下面的同学都安静了，他们没有想到这个瘦瘦小小的江西伢有这么大的勇气和决心。

三个月后的期末考试，刘琦开考了学区第三名。那些同学再也不敢小看这个倔强而又不服输的外地学生了。这件事也使刘琦开意识到，遇到问题必须直接面对，勇敢而果断地解决。

2001年，刘琦开考入重庆理工大学。大学四年，面对他的是4000元/年的学费、1200元/年的住宿费、500元/年的书本费和每个月必需的生活费。而全家人凑来凑去还是不够，他只能靠自己想办法了。

从入大学的第一天起，刘琦开就开始琢磨如何边读书边赚钱，他选的专业就是市场营销。大学的第一个寒假，他没有回家，留在重庆兼职做了一份市场调查。到了暑假，他顶着七月的骄阳走在南昌的大街小巷，推销摩托车消音器。

大三寒假，刘琦开到上海浦东的一家外贸公司打工。起初公司里只安排他干杂活：打字、复印资料、到银行交款、去外面送文件。

这些工作非常琐碎，和他一起在这里打工的同学都觉得没意思。可刘琦开却把做的每一件事当作学习实践的机会，并在业余时间阅读了大量关于外贸方面的书，还“偷偷”从老员工那里学到了不少谈生意的方法。

后来，他也要求在公司做贸易。公司就把最不好做的钢管外贸交给他做。早有想法和准备的他，立即行动起来：在网络上寻找可能需要钢管的国际厂家，然后通过电子邮件询问对方是否需要钢管。在重复发了一万多封邮件之后，新加坡的一家企业对这个远方的小伙子伸出了橄榄枝。生意做成了，他一次就拿到了三千多块钱的提成。他希望有更多的机会。

在上海的外贸公司工作了两个月后，刘琦开决定成立自己的贸易公司。

可是，注册公司首先必须解决资金和进出口权的问题。经过仔细琢磨，刘琦开想到要做这件事，直接找外国人合作可能会容易些。于是，他首先瞄准了上海外资银行的高层主管。

刘琦开来到了汇丰银行驻中国总代表处。经过一番周折，他终于见到了银行的经理。可是迎接他的是疑惑和不屑的目光。刘琦开用英语作了简短的自我介绍以后，就翻开计划书进行陈述。那个经理几次想插话，问些什么东西，但刘琦开却没有给他机会，说完第一页说第二页，语速非常快，他把原来准备一个小时要讲完的话用20分钟就说完了。当刘琦开终于话音落地时，这位经理和他都有点面面相觑。经理觉得非常奇怪，一个学生模样的人在这里自言自语了20分钟，他却听不出个所以然。或许是他想弄清楚刘琦开的来意，接下来两人谈了4个小时。最终，当刘琦开离开这家银行的时候，已经获得该行百万美元的投资。此后，他还接受了另一家银行的服务。

一个学生能够获得两个外资银行的投资服务，刘琦开说："我很幸运，但我更是靠着直接而真诚的态度，详尽而周密的商业计划，才获得了他们的认同。"

那年，刘琦开在读大四的同时，与人合作，融资1000万元，创立了泰科股份有限公司，并任董事长兼总裁。公司主要从事钢管国际贸易。由于有在外贸公司打工的经验，再加上他的不懈努力，很快就有好几家工厂邀请刘琦开做他们的外贸总代理。此后不长一段时间，刘琦开就为几家工厂签下数百万美元的订单。

不到一年，刘琦开的公司代理的产品就出口到美国、阿根廷、英国、南非、埃及、伊朗、韩国等十几个国家与地区。

外贸生意做得红红火火，刘琦开却并不满足，仍在寻找机会。他发现大学所在地重庆正在铺设国内除上海、广州以外第三条与全球接轨的光缆。刘琦开感到机会来了——网络，他要占有这个阵地。经过反复的思考和市场调研，刘琦开决定就从建立大学生自己的门户网站入手！

2005年5月，取“网纳百川”之意，刘琦开成立了重庆网纳科技有限公司，开通“大学人”门户网。充足的资金让人才迅速聚集在刘琦开旗下，这帮年轻人试图以自己独特的方式，成为新时代真正的“网络英雄”。

似乎两家公司还不够忙。2005年9月，刘琦开的第一家直营饰品店——“汉城奇缘”又在重庆开业，主营韩国饰品。所有饰品都来自国外，并保证第一时间跟上流行趋势。如今，这个“赚不了什么钱”的饰品店已经有了几家加盟店。

现在的刘琦开，同时经营着三家公司。然而在那些闪亮的光环背后，刘琦开仍然保持着学生式的单纯和真诚。他还是会经常回到学校看书，和同学们聚会聊天，因为这个，有些学弟学妹开玩笑地叫他“永远的师兄”。

刘琦开在学校看到很多同学为了就业而奔波苦恼，他深有感触地说：“其实我很同情他们，但是我更希望他们能够思考一些东西。想创业的同学，一定要首先问问自己，我拥有什么，我想要什么，我怎么去做。”

“你眼中的80年代人应该是怎么个形象？”刘琦开一板一眼地重复着记者的提问，好像有点为难：“这个不好评价，我们自己怎么评价自己呢，我们还在成长。如果非要我给一个评价的话，那就是——没有形象，我们在自由自在地成长。”

1. 刘琦开是怎样学习经商的？你怎么理解这种学习方式与读书之间的关系？

2. 刘琦开的成功缘于哪些品质？他和一般的大学生有哪些不同？

3. 你认为刘琦开的例子可以复制吗？原因是什么？

4. 如果你面临同样的境遇，你会怎么做？

近几年，大学生创业日渐时髦，但成功者寥寥。归根到底，皆因低估了经商的难度，忽略了个人的特质。事实上，大学生真正要解决的问题不是经不经商，而是如何尽早融入社会，实现学生到社会人的转变。目前，大学生在校期间就能显露出社会人的气质往往是由特殊的因素促成的，现有的大学架构还不能很好地完成这个教育任务。因此，还需要同学们自己努力。

3 案例

卢美琼：读书创业两兼顾

卢美琼是四川农业大学农业资源与环境专业大三学生，来自海南。因为怀揣创业梦想，她通过两年的不懈努力，终于联合另外两名同学，以奖学金做本钱，开办起了学校里第一家鲜榨果饮店。小店顺利运营后，他们又打算将店做大做强，开始筹划将分店开到四川大学和西南民族大学去……

卢美琼是一个喜欢吃水果的女孩，进入大学后，她发现学校没有专门的水果超市。她想，如果在学校创办一家水果超市，应该很受师生的喜爱。于是，在学校开办一家水果店的想法暗暗萌发。

由于刚进入大学，她对新的环境还很陌生，而且也没有创业经验，很多条件都不成熟，所以她并没有贸然采取行动。

发现商机后，为了学习到一些基本的管理和服务知识，卢美琼到学校的碰碰冰水吧应聘做兼职，并留意其基本运营模式。为了解水果销售行情，她还尝试在学校卖了几个星期的水果。

后来，校团委组织了一次关于大学生创业的活动，她欣然报名参加，并希望可以借此来实现自己的创业梦想。和队友商量后，卢美琼提出要在学校创办一家水果店，得到了队友的一致认可。

正当他们着手准备时，发生了“5·12”汶川特大地震，他们的创业实践活动被迫停止。卢美琼的创业计划也只好暂时搁浅。

学校组织的创业活动被迫终止后，已经掌握了基本销售和服务经验的卢美琼，开始思考和筹划如何通过自己的努力实现创业梦想。

进入大二后，除了保证平时正常的学习生活外，卢美琼开始积极为创业做准备。俗话说“说时容易做时难”，她觉得自己创业经验足够的时候，两大关键问题摆在了她眼前：一是创业资金从何而来？二是如何选定和租赁门面？

升入大三后的一天，卢美琼把自己的创业想法及遇到的困难讲给好友胡江及刘国容听后，他们积极支持她的创业想法。经过与两位好友商量，他们当即同意入股合办一家果坊。两位好友拿出自己三年所得的奖学金入股，卢美琼又找其他朋友借了一点，终于凑到了近6万元。

资金问题解决后，卢美琼开始寻找开店门面。但是过了很久，依然没有任何进展，她只好再次等待机会降临。

一直在等待机会的卢美琼，在获悉学校打算拆掉二区的停车位新修食堂时，她欣喜若狂，机会终于来了。接下来的日子，她成了学校后勤处的“常客”。当她第一次去后勤处将创办水果超市的想法告诉后勤处负责人时，当即被否定了。

卢美琼没有轻易放弃这次机会。她将自己的想法写成了具体的书面实施方案，并再次递给后勤处。这次，后勤处对她的行为给予了鼓励，但是否可以将门面租给她，后勤处没有给她答复。卢美琼开始一遍又一遍地不断完善方案，并一次又一次地向后勤处提出申请，最终得到了后勤处的认可。卢美琼终于申请到了一间10平方米左右的门面。

门面租到后，卢美琼同合伙人买回了伸缩式货架，并从吉林购买了冰淇淋机，从成都买回了榨汁机和冰箱。

2009年3月8日，经过两年多的努力，卢美琼和两位好友合伙开办的多味果坊终于开张了。

7月14日，记者到卢美琼的小店采访时，学校已放暑假。卢美琼正在清理小店准备关门，但偶尔还会有人过来买果汁。

卢美琼说："果坊目前以鲜榨果蔬及果蔬深加工产品为主，附带也卖一些新鲜水果，所以平时生意特别好，一到下课时间过来买果饮的学生非常多。"

卢美琼告诉记者，为保证水果的新鲜，雅安本地水果如桃子、西瓜等，几乎是一天一采购；对于非本地产水果如哈密瓜、火龙果等，由成都的水果商直接送货，平均一天半送货一次。平时，卢美琼也很关注网上的相关信息，她根据现在人们的健康饮食理念，推出了水果拼盘、功效果汁等多种品牌，非常受同学们的喜爱。

卢美琼说，因为是第一次开店，他们在人员管理上还存在着很大的欠缺。虽然他们三人根据平时上课时间的不同，可以轮流照看小店，但若遇到三人都有课时，他们就只好暂时把店关上一两个小时；还有就是由于雅安天气多变，常常对水果采购带来不便。目前虽然还处于创业起步阶段，但她对未来充满信心，"开店初期的困难都克服了，以后的困难我们也会战胜。现在看到同学们喝着我们调制出来的果汁，露出满意的笑容时，我觉得很满足，觉得我们的工作很有意义。"

学校团委老师李钰认为，卢美琼他们的创业精神是值得肯定的，他们开果坊的经历，为毕业以后的创业打下了良好的基础，是人生一笔宝贵的财富。"希望他们克服眼前的困难，协调好学习和工作的时间，两方面都有所收获。"李钰说。

采访中，该校大二学生陈雪飞告诉记者："夏天喝多味果坊的鲜

榨果汁，既解渴又健康。而且卢美琼他们勇敢追求自己的梦想、敢想敢为的精神，真让人佩服。”

采访结束时，卢美琼告诉记者，他们正着手筹划在四川大学和西南民族大学开连锁店，待果坊运营更成熟些时便开始实施。她说：“目前，经营管理等方面都在慢慢摸索，这需要很多的时间和精力。等到果坊运营成熟后，接下来的连锁店应该就会相对容易些。

1. 如果你要开始创业，你估计要进行哪些准备工作？

2. 你有创业的梦想吗？你会基于什么原因而创业？你会做什么项目？

3. 你认为创业和读大学有关系吗？如果有，是什么关系？

4. 从创业的过程来看，卢美琼体现出了哪些社会人的基本素质？

创业几乎是一个人能力的全面考验，蕴含着巨大的风险，因此，在校园内寻找与社会接轨的部分是非常聪明的做法，既能锻炼经营能力，又能抵御不确定因素带来的负面影响。在现有条件下，大学并不能提供专门的创业教育，但它可以考虑给学生一块相对安全的创业区域。

杨珍军：不为失败找理由，只为成功找方法

杨珍军，男，湖南工程职业技术学院岩土工程技术专业2009级专科生。湖南工程职业技术学院，他的大学足迹留在了这个美丽的校园。这里打造了一个不一样的他，一个经历磨炼逐渐成熟、不断完善的他；一个勇于拼搏、甘于奉献的他。作为当代青年学生，成功不只在于轰轰烈烈的成就大事业，把身边的每一件小事做好也是优秀的体现，随手捡起遗落地上的垃圾、出色完成组织分配的任务、不断改进和创新工作，造就了一个肯学肯干的他，养成了不为失败找理由，只为成功找方法的生活习惯。

作为大学生，以学为主，他自从进入大学至今，时刻严格要求自己。在系学生党支部锻炼之际，为了不影响学习，他在工作之余全身心的投入到学习中，在学习上他注重学习效率，讲求“悟”，从大一开始认真仔细地学习每一门专业课程，在学习上一直刻苦努力，遇到疑问总是想办法解决，并在2009—2010学年的综合排名中名列班级第一名。

他利用大学丰富的课余生活充分的发挥了肯学肯干、认真负责的特点，发扬“奉献校园，服务同学”的精神，出色的完成各项工作

任务。作为一名学生干部，他始终以“我做了什么，我能做什么，我还能做什么”严格要求自己，不论在学习、生活和工作中，他都能很好的给自己定位，提升自己综合素质的同时带动身边的同学向先进看齐，共同进步。在担任学生干部期间，他不认为这是一种管理工作，而是将其看成社会工作，为自己以后的工作积累经验。他认为仅仅完成组织分配的工作任务是远远不够的，正如企业的长远发展一样，创新是企业不断发展壮大的前提和保证，因此如何创新工作是他一直坚持的工作风格，小至一份简单的表格，他都会想怎样才能做得有新意。

生活中，他更是将“悟”的方式融入到意识中，青年学生是培养正确的人生观、价值观和世界观的重要时期，很多人显得很迷惘，善恶美丑掺杂在各种媒介中，一不小心就会步入歧途。在遇到难以抉择的情况时，他总是站在事物的本质上观其目的，详细的分析，慎重的选择。

2010年是不平凡的一年，而这一年也是他生命历程中快速成长和最重要的一年。他借助在系办公室锻炼的机会，学到了许多书本上不能学到的知识，在各方面都有了较大的提升，不仅能熟练操作办公软件，提升了写作能力，还积累了大量的人脉关系，充实了课余时间，适应了在压力下的工作环境。

此外，他还积极参与了学院招生宣传、迎新志愿者活动，同时负责了学院中层干部选举的后勤保障工作。在当前国家大力发展高职教育的同时，高职学生本身就是高职教育的一张名片，他深感责任重大，因为作为高职学生，毕业后将直接奔赴生产第一线，需要体现更娴熟的操作技能和适应环境的能力，这样才不至于输给本科学生。在回母校宣传过程中，他细心的给高考落榜生分析社会对应届毕业生的技能要求，带他们从一心只想读名校的误区中走出来，耐心的为他们指导专业的选择，博得了母校师生的赞许。

他在迎新志愿者活动中，不畏酷暑，热心的帮助新生解决遇到的困难，即便汗水浸透了衣服，他仍时刻保持着饱满的热情，发扬志愿者精神，热情周到的为来自五湖四海的新生服务，圆满的完成了迎接新生工作。

革命战士一块砖，哪里需要哪里搬，他用自己微薄的力量，挖掘了自己的潜力，展现了自己的实力。虽然经常会遇到这样或那样的困难，难免会遭遇失败的痛苦，给他的信心和毅力产生较大的挑战，但他总是用积极乐观的心态面对到来的挑战，把每一次的失败过程当作一次锻炼的机会。

一分耕耘一分收获，2010年对他而言是丰收的一年，由于出色的学习成绩，他获得了2009—2010学年国家励志奖学金；工作上，他兢兢业业，突出了认真负责并具有创新精神的风采，相继获得了院级优秀团干、三好学生、优秀学生干部等荣誉称号，并赢得了师生的好评。他在与老师及其他学生干部的接触中，不仅积累了较好的人脉关系，而且为以后的生活积蓄了无形的资产。

胜利的欢呼已成为过去，他不断总结过去成功的经验和失败的教训，应用到现在的生活中，消化成自己的知识。争取在以后的生活中能有更出色的表现。

1. 在每一个大学生集体中，都有一些“好学生”，这些“好学生”的好体现在哪里？

2. 你怎样理解“做好本职工作”这句话？

这是一个“好学生”的案例：一个合格的学生干部，一个成绩好的优秀学生。“好学生”仿佛是个光环，但是，他们如何做到“好”却经常被忽略。大学期间，没有特别难的工作，没有特别难的知识，需要的，只是把平凡的事情做到极致。有人说：“成功者只是比别人强那么一点点”，可就是这一点点，却是霄壤之别的缘由。

黎佳韵：执着展现出的是不同于他人的气质

亚运会将在广州开幕。作为一个土生土长的广州女孩，黎佳韵更期盼亚运会的开幕。她甚至为此休学1年，而且推迟了进入职业高尔夫球的计划。

黎佳韵说："在家门口打一届亚运会的机会不是每个球员都能碰上的，而我就是广州人，可以说是机会摆在眼前了，就看自己能不能抓住。我知道，爸爸妈妈都盼望在亚运会的时候看到我的身影，他们支持了我这么多年，我不能让他们失望。"

中国队将在成绩最好的5名球员中选出3人参加亚运会，黎佳韵是这5名球员中成绩最好的一个，不出意外她将成为中国队征战亚运会的"女1号"。但在正式名单公布以前，黎佳韵非常谦虚和低调。她告诉记者："接下来国家队还要封闭集训，还要进行队内选拔赛，最终的参赛名单要到9月才会递交亚组委。因此，在名单宣布以前，谁都不敢说自己有资格代表中国队参赛。"

至于亚运会后的方向，黎佳韵坦言："我希望成为一名职业球手，我想先从日巡赛、亚巡赛或者中巡赛开始，用2~3年的时间，让自己在职业高尔夫球赛场上取得一定的成绩。再往后，我希望能参加

2016年的奥运会。”

放弃了保送资格，靠真本事上广外

据父亲黎其洪介绍，黎佳韵当年完全是靠真本事考上了广东外语外贸大学。为了应付高考，黎佳韵还停止了半年的高球训练，专心复习功课。即便如此，她还是会每周抽出两天时间去练球。黎佳韵告诉记者：“考大学那一年的经历非常难忘。2007年底刚刚办完入学手续没多久，就被招入刚刚组建的国家高尔夫球队，并在集训1个月以后拿到了一项全国比赛的冠军。那一次夺冠，让我对自己的高尔夫球生涯有了更清晰的定位。”也就是从那时候开始，黎佳韵树立了成为一名职业球员的目标。

更令人感到惊讶的是，其实在黎佳韵考大学那一年，她完全可以以更轻松的方式进入另一所名牌大学——当时那所学校正在招收高尔夫球专长生，以黎佳韵的成绩，她几乎可以免考保送上这所大学。但黎佳韵第一个放弃了这个选择，她说：“作为一个中国学生，不参加高考就上大学，是种遗憾。”

打球学业两不误，上完大学再考研

对于自己今后的发展方向，黎佳韵认为，因为高尔夫球的特殊性，以及自己在大学选择的专业（英文专业），她完全有能力一边打球一边兼顾学业。黎佳韵甚至计划，在完成本科学业后，还要考研。黎佳韵的想法已经得到了老师的支持。据黎佳韵的母亲透露，已经有研究生导师表示，他们支持黎佳韵考研的梦想。

1. 大学的生活有固定的模式吗？为什么会形成固定模式的观念？

2. 别人的大学生活与自己的大学生活是什么关系？

3. 黎佳韵选择将来成为职业的高尔夫球手，这对你有什么启示？

每个人都有独特的成才道路，重点在于找到适合自己的那一条。许多人跟着别人的脚步生活，恰恰错过了别样的精彩，那么，何不努力寻找真实的自己？倾听心底的声音，让自己成长为本来的样子，纵使追寻之路百转千回，但终会有豁然开朗之日。

张敏：汉庭酒店连锁集团CFO

她是哈佛商学院03届唯一来自中国的优等生。她早先曾是对外经贸大学94届本科、97届研究生的优等生；她是著名企业的精英；她早先曾是UIBE女足和合唱团的头儿。她属于改革开放这个时代，生于时代前夜，求学于虹销雨霁，奋斗于风起云涌。无论在UIBE，还是哈佛；无论在麦肯锡，还是汉庭，她都很“打眼”。她聪敏、敏锐、敏捷，她有着欢快性格和充沛精力，她经常是男孩子式的装扮。一个“敏”字给了她快的旋律，她是圆舞曲中的“快三”，转得稳而快且从不眩晕；她是钢琴和提琴的奏鸣曲，奔放中流露着细腻。她更是进行曲，她的青春脚步一往直前。她就是张敏。

张敏，1990—1994年本科就读于对外经贸大学企业管理系，1994—1997年被保送继续攻读企业管理专业硕士研究生，毕业后先后在亚新科汽车零部件集团、麦肯锡咨询公司任职，2001—2003年就读于美国哈佛大学商学院获MBA，毕业后在美国礼来公司工作，2007年加入汉庭连锁酒店集团，现任CFO。

UIBE七年——敏而好学的合唱指挥和女足队长

1990年，张敏以广西自治区第三名的成绩考入对外经贸大学国际企业管理系（五系）。当时企业管理专业2个班39人。她回忆：“那时外贸热，生源好，毕业分配好，大家都觉得落定了，学习不用拼了。开始时我有些不适应，但很快作了调整，提醒自己，我来自西部，基础知识打得不牢，不能松劲！”敏而好学的张敏，学习效率很高。读书之余，她还敏锐地在校园发现了广阔天地。她那小巧玲珑、精力充沛的身影，不时出现在校园各个场所并担任着重要角色。她是系学生会文艺部副部长，系合唱团指挥，校篮球队队员，校第一届女子足球队队长；大四时在盖勒普公司实习，还主持了个小项目……“大学四年，所有能玩的我差不多都玩了一遍。玩，是对整个大学时代的玩味和对青春的体味。”对此，她至今回味无穷。

1994年，她被保送研究生，当年企管专业被“保研”者共2人。她回忆到研究生时代的老师说：“高国沛教授为我们上英文写作课，讲得非常好，让我对英语真正有了感觉。马春光教授是我导师，他讲的组织行为学原理，像一把钥匙为我打开了专业之门，让我豁然开朗。还有一门生产运营管理课，是刚从美国回来的张杰老师开的课，当时只有我一个人报名，我们展开一对一教学，也对我影响深刻，让我了解了企业运营管理，我也学习了数量分析方法，我的第一份工作是制造业，恰好与这门课有关，一下用上了。还有一位外教讲得也很好。”

研究生一年级，张敏在学业上的进步可谓突飞猛进，原未开窍的知识通过老师们的指导加上她课后大量阅读，一下子融会贯通了。她还从两位研究生室友——一位英语系和一位国贸系——那里受到人

文和国贸研究的诸多专业启发。研究生三年，她依然受同学欢迎，被老师欣赏。她在小节上不太守“规矩”，她喜欢创造，为人坦荡，做自己感兴趣的事。

研三时，她参加了全球企业管理挑战赛（GMC），任CEO，这支队伍荣获中国赛区亚军。比赛模型把她和队友们带入一个企业经营决策的制定和贯彻实践中，同学成了同事，锻炼了她的团队协作精神和组织能力，她要考虑的是如何把大家调动起来。

回忆在UIBE七年，她的经验是：除了念书，还应该参与各种社会活动，尤其做一些服务同学的事情，哪怕是个舞会，在这过程中学会与人沟通，理解别人，培养自己的奉献精神。这些是未来做好工作，特别是担负领导责任的重要素质。读书要讲效果，要善于思考，课堂发言是激发思考式学习的最有效的方法。要提出问题，与人讨论，然后去寻找答案。

1. 你认为参加学生活动与锻炼能力是什么关系？有很多同学参加了学生组织，但能力没有太大增长，你觉得是什么原因？

2. 在大学里，很多人以学习为由拒绝社会工作，从上面这个例子，你觉得有什么启示？

3. 社会上有很多关于领导力、团队合作、执行力的课程，你是怎么看待这些课程的？

在大学里，很多学生以学习为由反对参加学生活动，但一个有趣的现象是，那些承担着最繁重社会工作、担任最重要职务的学生干部，成绩往往是最好的，而那些两耳不闻窗外事的学生，学业大多不突出。由此可见，学习与工作的关系并不是简单的时间分配问题。

策巴子：《有么子说么子》主持人的自述

我们千辛万苦想要挤进来的大学，真的不似来前想象的那样，那样自由和充满鸟语花香。一星期依然被挤的满满的。以前除了满满的课业，我们可以什么都不想，什么都置之度外，因为有“学习第一”的借口。进了大学，借口没有了，除了学习，还有一样事情必须去做——练习成长！跨入大学之门，成长的节奏变的急促起来。面临很多新的东西，未知的恐惧，都要自己去试探，没有人告诉我们危险潜伏在什么地方，每一步要自己去走，踩空了，只能咬咬牙，在经验值上又添一分。

独立是一种非凡的能力。独立并不只意味着离开父母、离开集体、自由自在。独立是“如何在没有帮助的情况下自己想办法”，“没有资源的情况下寻找资源”，“没有信息的情况下打听询问信息”。独立更多的是耐得住寂寞。在我们习惯了被安排好的生活后，被迫的独立更像是一种撕心裂肺的飞跃。但是成长是必须的，在这里，成长把我们扔下悬崖，逼着我们学会飞翔。

大学期间，有许多学生放任自己、虚度光阴，还有许多学生始终也找不到正确的学习方向。但是我的大学生活却丰富多彩，与众不同。用一句话来概括，那就是——忙碌并快乐着。

从踏进大学校门的那一天起，我的大学生活就开始忙碌起来。

2002年，我从三中毕业后来到了长江大学（当时的荆州师范学院），就在身旁的人还在感慨理想与现实的差距时，在经历了短暂的迷茫与彷徨后，我仿佛是一只涅磐后的凤凰，不再怨天尤人，而是现实的面对生活，不断充实自己，努力拓展自己生命的宽度，努力挥好手中的画笔在自己人生的这张宣纸上着好每处色。

大一刚开学，我和所有人一样都满怀激情的想在大学里施展拳脚全方位的锻炼自己。于是在军训结束后，参加了班干竞选。承蒙同学们与辅导员的厚爱和不弃，我有幸担任班上的团支书，帮助辅导员处理班级上的工作、了解同学们的思想和丰富班级生活。而且很幸运的是，我在学校学生会招新时，顺利通过考核，成为了学生会文艺部的一员。接下来的一个学期我快速地适应大学生活，不仅顺利通过了期末考试，而且还加入了学校里的几个社团，大大地丰富了自己的课余文化生活，也结交到了很多兴趣相投的好朋友。那时其他的同学都还仍然怀着一颗好奇心在慢慢地适应大学生活，而我则快别人一步做好了迎接挑战的准备。

时间不经意间就到了大二，经过了大一的磨炼与沉浮。此时的我更懂得了要作为一个成功的人更要内外兼修。不仅要多锻炼自己的社团工作能力，自己的专业素质也必须扎实。毕竟现在的公司老板是赚钱的商人，而不是收留失业者的慈善家。你没有过硬的专业本领给老板带来利润，他是不会让你来分他一杯羹的。所以我在继续担任班委的同时，也不忘学习与工作时间的合理分配。平时在课余时间也会努力的使自己坐在教室里自习。有时虽然一个晚上只是弄懂了那么一丁点东西，但是自己的心里还是有说不出的高兴与自豪。大二下学期，我开始到荆州电台做业余节目主持，《绝对意外》和《主播我来show》是当时比较红火的电台节目，因为大部分寝室都没有电视机，所以收音机成了大家最好的伙伴。每次做节目之前我都会通知我们寝室的几个好姐妹，要她们注意收听。回来之后，她们经常会七嘴八舌地跟我提一大堆的意见，然后又很八卦地向我问这问那，那种紧张而自豪的感觉我现在想起来都觉得是一种幸福。

秒针滴滴答答的转，一不小心它把我的大二带走了。当我意识到我已经是一个大三的学生时，我不得不佩服它的恒心与毅力。也许这就是“不积跬步无以至千里”的佐证吧。大三这一年应该说是我大学生活的转折点，因为在这一年里，我做了很多以前想都不敢想的事情，实现了很多梦寐以求的愿望。

连续三年我都参加了的“统一冰红茶”校园歌手大赛，终于在这一年开了点花，结了点果实，取得了不错的成绩。也是在那年，一时冲动，连家人都没通知就拖着行李独自一人跑到湖南长沙参加“超级女生”的比赛。当时到那儿的时候是凌晨4点多钟，我独自一人坐在公交车站台上等天亮。现在想起来都有点后怕，不知道当时的我是勇气可嘉还是脑子进水。再后来就参加了“飘影”全国影视歌手大赛、彩铃先锋唱作大赛、第十二届全国青年歌手大赛。

大三下学期，我的两个梦想都在大学里实现了。一个是拍电影，一个就是带领着自己的校园乐队开一个属于自己的专场演唱会。

大学就是这样一个地方，它给你足够的时间和空间让你不断地去挑战自我、超越自我，让你不断地奋斗，去努力实现自己的一个又一个小小的梦想。

我们在大学里求知，就像金丹在炼丹炉内接受九味真火的烤炼。我们只有在大学里不断地学习，不断地坚持，才能不断成长，才能成为一颗有用的金丹。

我很佩服自己四年来能一直坚持写作和采访，从《荆州师院报》的一名小记者到《长江大学报》记者团的副团长，这四年来，每当看到自己的笔墨变成了铅字印刷成报纸发到每个同学手上，我心中的那种成就感溢于言表。

有同学说我笨，很笨，非常笨！别人的大学生活都过得那么安逸舒适，可我却每天忙忙碌碌地不是学习就是学生会工作，不是参加演出就是在参加比赛。但是，我正是乐在其中。当其他的同学在享受清闲的学习娱乐生活时，我在排练节目；当其他的同学在校园里散步闲逛时，我在外参加比赛。

大四那年，当其他的同学都在忙着实习和找工作的时候，荆州电视台给了我一个机会。人们常说“机会总是给那些有准备的人”，我想，正因为我时刻准备着，所以当机会来临的时候我紧紧的抓住了它。凡事没有做不到，只有想不到，你的思想有多远，你就能走多远。所以，永远不要怀疑自己的梦想是痴心妄想，只要努力加用心，一定会实现。

人，最大的敌人是他自己，失败很大程度上是自己不够自信，而不是对手如何强大；希望是无时无处不在的，很多人感到绝望，那是他的眼睛蒙上了厚厚的一层灰，看不到希望就在不远处向他招手；不要在意别人的看法，人很多时候不是为别人活的，而是为自己。

大学四年是我一生中最为宝贵的财富，在剩下的旅途中我会认真走好每一步。成功对于我来说还很遥远，我才刚上路。我现在只是在夯实基础，为以后的事业做好准备。成功与否并不重要，只要曾经努力过，不给以后留下遗憾这就足够了。

所有的这一切都给我的大学生活增添了一笔又一笔的色彩，

被大家看似无聊的大学生活在我的眼里是那么的丰富，那么的多姿多彩。

我的大学四年——忙碌，并快乐着。

1. 该主持人的在大学生活为什么是快乐的？

2. 从文中我们可以看出他在大学期间着重锻炼了自己哪些方面的能力和品质？

3. 主人公能坚持四年充实的生活，她是用哪些方法励志的？

4. 主人公对大学的学习和高中的学习是怎么定位的？

5. 你对文中“忙碌”二字的含义作何理解？

当一个人意识到了大学阶段需要完成的历史任务以及这些任务完成情况对后续人生的重大影响时，他就会立刻告别悠哉悠哉的日子。但是，醒悟的人一直是少数。事实上，相当多的人对“早起的鸟儿有虫吃”的俗话视而不见，他们把大学应当完成的学习任务延迟到工作岗位上，不仅一辈子没有补上课，还给自己带来了无穷无尽的麻烦。

8 案例

陈峰：高分考生沉迷网游荒废学业

当陈峰（化名）在2002年秋天跨入浙江大学校门时，他以北方某市高考理科第一、全省前100名的优异成绩获得了学校的5000元新生奖学金。他用这5000元钱买了一台电脑。就是这台电脑，竟然改变了他的生活。

买电脑之初，陈峰只是偶尔上网聊天。大一下半学期，室友也买了一台电脑，两个人开始打游戏。

“起先是打CS。”他说，后来他和室友迅速地迷上了《魔兽争霸》，“经常一打就是一个通宵。还和别的系的同学一起对打，常常是完胜。这让我的虚荣心得到很大的满足，打了就停不下来。上课一般只去第一节和最后一节。”

一学期下来，陈峰的三门课挂了红灯。尤其是强项大学物理，只得了30多分。陈峰受了打击，晚上开始上自习，但这也没有持续太久。

“那个时候《奇迹》（某网络游戏）出来了，又开始打《奇迹》。”

到了大二，陈峰和他“志同道合”的室友为了打游戏已经足不出户，几乎不再上课，吃饭就叫外卖，寝室里外卖盒子堆得跟山一样。

陈峰说："我记得那天早上我们刚杀完怪（游戏术语），打算睡觉，我突然记起来今天是大学语文考试，就往教学楼跑，跑到教学楼才想起来忘了查考试地点了。结果我干脆直接回来睡觉了，那门课当然没分数。"

到大二学期结束，陈峰已经累计10门课不及格。

"老师也找过我很多次，起初我还有点担心，可一投入到游戏里，什么都忘了。"大三第二学期的课，陈峰全都放弃了，一门都没去考。"估计差80多个学分了吧。"陈峰那时已经预感到学业不妙，但已经回不了头了。

果然，大四开学不久，陈峰接到了学校的退学通知，"我听说过打游戏被退学的，但一旦事情落到自己头上的时候，真有点接受不了。"说到这里，陈峰的声音颤抖了，"我这时才清楚地想到了以前从没想过的'未来'。怎么面对辛辛苦苦培养我上大学的父母？"

退学后，陈峰一直呆在老家，有空就帮家里干点活。听说学校对新生上网采取措施，陈峰很赞同："总是说大学生应该自律，可不是所有人的自律能力都很强的。"

记者了解到，高校的网瘾一族有个特点，就是传染性，同寝室的人会互相影响，一起迷恋网络游戏，导致所有人的学业都受到影响。

王磊（化名）就读的院系，是国家级奥林匹克竞赛精英们的汇聚之地，也就是这样一个专业的学生，沉迷于游戏世界，更让人觉得痛心疾首。

"往事不堪回首啊！"王磊回顾起大一大二的生活，追悔不已，"寝室四个人，有三个人玩游戏。"最夸张的时候除了上厕所，三个人一个月都没出寝室，只备了两箱方便面。“简直像疯了一样！三个人谁也不肯先把手从键盘上挪开。最后身体挺不住了，进医院吊盐水，成绩更是一塌糊涂！现在，我们再不敢这么没命地玩了。”

谈到集体游戏中毒的原因，王磊作了一番分析：“像我们这种理工专业的，男生特别多，课外活动也不丰富，兄弟们联络感情的方式，基本上就是联机打游戏。其实没有一个寝室是一开始就集体玩游戏的，只不过第一个带动第二个，第三个出于好奇心或者共同话题也加了进来，最后就变成整个寝室的集体活动了。”

1. 陈峰迷恋上网因为缺乏哪些品质？

2. 陈峰赞成学校对新生上网采取措施，你怎么看？

3. 猜想一下，如果陈峰有重来一次的机会，他还会陷入网瘾吗？理由是什么？

4. 当下，大学生上网打游戏是普遍现象，你认为造成这种现象的原因是什么？

网瘾学生让人痛心，但是，这不单是网络或是学生的问题。应试教育长期掩盖着学生人格不健全的缺陷，而大学自主的环境使其成为问题集中爆发的重灾区。

9 案例

晓琳：残酷的爱酿成的悲剧

东方网消息：48岁的刘美艺（化名）至今没想通：自己深沉的母爱竟成了“杀”死女儿的凶手——女儿晓琳大学毕业后，通过网络从事自由职业，但在机关当领导的她认为这“工作”不稳定，四处张罗让女儿进机关端“铁饭碗”，却屡被拒绝。2009年12月，一次争执之后，25岁的晓琳受不了母亲念叨，赌气从25楼的家里纵身跳下……

2009年12月24日，女儿躺在楼下血泊之中。女儿自杀已过去两个月，但昨日走出心理治疗室时，刘美艺这个昔日的女强人仍是一脸凄然。

刘美艺是某市级机关处级干部，认识她的人，对她的评价都是“能干”、“女强人”等词。一手带大的女儿一直乖巧懂事，2007年顺利从武汉大学毕业。在所有人眼里，刘美艺无疑都是成功的。但这一切在去年圣诞节前戛然而止。

2009年12月24日，到处是圣诞的喜庆气氛。

那天中午，刘美艺办完事特地回了趟家，想陪女儿吃顿饭。11点过进家门时，晓琳才刚起床。刘美艺有点窝火——女儿大学毕业后，一直都没份正式工作，靠在网上做设计为生，生活过得也无规律。饭桌上，她再次劝说晓琳去自己介绍的机关面试，还信誓旦旦保证，只要去面试就有很大把握能得到这份很多人求之不得的工作。

话没说完，晓琳就一口回绝了，“我说过不会去那些地方一张报纸一杯茶地混日子，你一定要我去，除非我死。”母女俩的谈话不欢而散，下午1时许，刘美艺离开家时，两人都气鼓鼓的。

1小时后，刚到单位的刘美艺接到物管电话，称女儿出事了。匆匆赶回家，发现女儿躺在楼下，一片血泊，已停止呼吸。

如此晴天霹雳，一向坚强的刘美艺被击垮了。她啥事也干不了，每天躺在床上哭，不得不向单位请了长假。

女儿以前一直很听话，家里经济条件不错，啥都不愁，刘美艺怎么也想不通女儿为啥会跳楼。

杨洁是看着晓琳长大的，她对晓琳的印象是不爱说话，平时很少主动与人交流，但特别听话，母亲说吃两碗饭绝不会只吃一碗。在她记忆里，从小学到大学，不管学习还是生活，晓琳都很少违抗刘美艺的意志。她也想不通，一个如此听话的乖孩子为什么突然会自杀。

几天后，晓琳电脑里一篇日记解开了她们的疑惑，却让刘美艺陷入更大的痛苦：“毕业3年来，妈妈几乎天天念我，吃饭念，看电视念，睡觉也念……我不就是不愿意接受她安排的稳定工作，选择做自己喜欢的事情吗？20多年来一直都是按她的喜好在生活，难道我真的不能有自己的选择？

我又没有闲着，为了证明自己在工作，我每天拼命在网上找设计单子，每个月交给妈妈800元到1000元不等的生活费，拼命证明自己，可在她看来，这都没用。我到底做错了什么？

她念得让人心烦，现在一看到她回来我就只想躲进自己房间，好多时候烦得都想一死了之。有时候想，要是哪天真的受不了了，就从这窗子跳下去算了，只是不知道会不会痛……”

“这样的悲剧令人深思。”重庆师范大学心理健康教育与咨询中心主任、中国家庭教育研究会理事刘东刚认为，刘美艺母女的例子值得所有父母思考。

晓琳之所以选择自杀，刘东刚认为无法承受的母爱正是凶手：在刘美艺心里，女儿并非一个有独立思考的个体，只是自己的一件“作品”，为她安排一切，让她按自己的规划一步步走，从各个方面把她打造成自己理想的样子。这表面上看是爱，实际上是非常自私的，因为这其实是站在自己角度去实现自我满足的心理需求，完全没有考虑这样的安排对已经成年的女儿来说，是种极大的伤害。

许多父母都有刘美艺一样的心理，将自己未完成的梦想转移到子女身上，小到吃喝拉撒说话走路，大到学习工作家庭婚姻，希望他们能按自己的理想去生活，甚至去圆自己曾经未能圆的梦。

都说父母的爱是最无私的，正因为这表面上的无私，身为子女，他们甚至找不到理由拒绝和反抗，对这种爱避无可避。当这种爱成为负担，超过承受极限时，就会变成伤害。

做子女的，遭遇父母“高压”到不能忍受时，除了看心理医生，自我调节也很重要。如何调节？刘东刚为子女支招如下：

1.转移调节

转移注意力在心理保健中必不可少，心绪不佳有烦恼时，最好外出参加一些娱乐活动，换个环境换个想法，新鲜刺激可以使人忘却不良的情绪；

2.宣泄调节

在适当的场合，合理地宣泄一下自己的情绪，同样可以起到心理调节的作用。比如大吼、运动、砸东西等都是宣泄的方式，不过要注意宣泄的对象、场合等，不要无端迁怒于他人他物造成不良后果；

3.交往调节

交往是人类不可缺少的社会性需要，特别是情感与思想的交流。心情不愉快时，向朋友倾诉，特别是向关系好的异性朋友倾诉，会产生较好的心理调节作用。美国心理学调查研究表明，所有人在向异性倾诉中可以获得比同性倾诉高得多的解决抑郁的功效。

1. 刘美艺的行为实际在扼杀女儿的哪些品质？

2. 晓琳跳楼的行为反映了她自己的哪些问题？

3. 如果大学期间晓琳学到了哪些品质，就会避免悲剧的发生？

4. 你身边有这种类似的事情吗？你觉得造成这种情况的原因是什么？

在浮躁的社会当中，人们过多关注外在的表现，而忽略内心的发展。其实，人幸福的源泉是内心的感受而非其他。

本案例中，母亲没有尊重女儿的人格独立，但女儿也未把自己视为独立的人，她的一跃而下似乎是在抗争，但这却说明，她完全活在别人的阴影当中，她反对别人的意见，却采取了毁掉自己的方式，而她也毁掉了自己母亲的后半生。

10 案例

徐伟：关键时刻，宁愿牺牲自己，也要救出孩子

2005年12月27日下午，3名中学生在天津工大泮湖冰面上玩耍时不慎落入水中。路过此地的徐伟听到呼救后，迅速跑到冰窟旁，一手紧紧抓住冰窟边缘，一手用力去拉落水少年。这时冰面突然开裂，徐伟也掉进刺骨的冰水中。面对突如其来的险境，徐伟的脑海里闪现出了小时候溺水时的那种恐惧。但他很快稳住了情绪，用力将3名少年托出水面，帮助他们用手扒牢冰面。然而，自己刚刚探出上半身，冰面又一次塌陷，他再次落入湖中，双手和胳膊多处被划伤，鲜血直流。徐伟强忍疼痛，回过头对3个吓得直哭的孩子说："别害怕，我一定能把你们救上去！"此刻的他只有一个念头：就是自己牺牲，也要救出3个孩子。他小心地用手按着冰面，一点点地将上半身挪到冰面上，随即滚了一下，终于远离了冰窟。这时，闻声赶来的群众争先恐后要帮他一起营救。可当时周围的冰面已经开始摇晃，为避免出现更多的危险，徐伟大声呼喊："你们不要过来，把木棍递给我。"他冷静地劝住前来救助的人群，独自一人趴在冰面上，利用大家递来的木棍，艰难地将3名少年一一从冰窟中救了出来。

徐伟出生在安徽省巢湖地区的一个贫困农民家庭。为节省开

支，他吃的、穿的、用的都是最简单的。救人后，徐伟脚上的皮鞋被水泡得变形了，习惯节约的他也舍不得花钱买新的。就是这样一位家庭贫困学生，当被救孩子的家长硬塞给他1000元时，他把钱捐给了天津市联合助学基金会，并在信封上写着：请交给那些更需要的人。

徐伟关键时刻能够挺身而出，并不是一时的冲动。大学期间，他就光荣地加入了中国共产党，连年获得奖学金和社会奖励金，被保送为2006级免试研究生。他虽家境贫寒，但从不怨天尤人，他自强自立、乐观向上，靠助学贷款和打工完成大学学业。他尽管身体瘦弱，却两次报名参加献血。

人民日报、新华社、中央人民广播电台、中央电视台报道了徐伟的事迹。徐伟参加了全国优秀大学生事迹报告团和由中宣部、公安部等单位举办的“唱响正气歌，做时代骄子”——见义勇为英雄事迹大学巡回报告活动，在10多个省市报告20场。

2006年，徐伟被授予全国见义勇为先进分子称号。

1. 当你面对落水的儿童，假使你会游泳（或许还是个好手），跳入水中救人是否是你的第一选择？你当时会怎么想呢？

2. 营救一个生命的代价很可能是牺牲另一个生命，但为什么还要这样做？

3. 很多对金钱慷慨的人都有节俭的习惯，想想这是为什么？

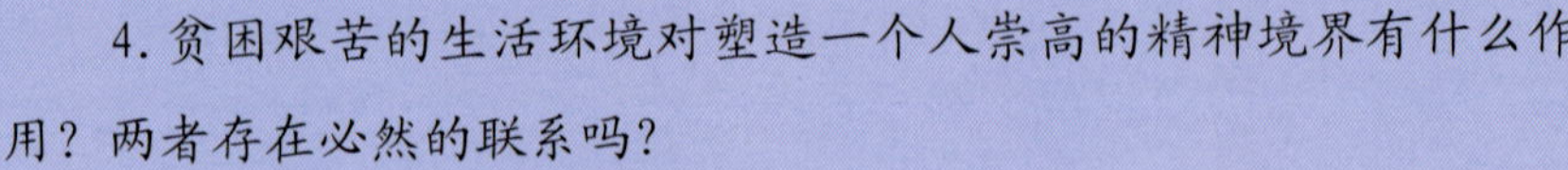

4. 贫困艰苦的生活环境对塑造一个人崇高的精神境界有什么作用？两者存在必然的联系吗？

5. 学习徐伟，最该学习什么？

一个人最闪光的部分，是他的精神境界，而这种境界的得来绝非一朝一夕所能达成。人们总是被伟大行为背后的精神品格所吸引，却忽略了精神品格塑造的艰苦过程。

11 案例

邓亚萍：从“乒乓皇后”到“剑桥博士”，再到“政坛新秀”

从“乒乓皇后”到“剑桥博士”，再到“政坛新秀”，邓亚萍的每一次转身，都带给我们无限的惊叹与欣喜。今天上午，共青团北京市委副书记邓亚萍接受人民网独家视频直播专访，与网友面对面畅谈青年工作与志愿者服务，分享自己成长中的故事和感悟。在访谈中，邓亚萍与网友分享了自己的学习方法和心得，要靠自己的琢磨和总结，找到适合自己的学习方法。

邓亚萍说，其实每个人的人生经历都是一笔宝贵的财富，对于我来讲，是24岁退役以后才学习，去读大学，然后读到博士。但是我更加认为，我前面的积累虽然不是读书，是打球，但是对于我的人生来讲有重要的启发作用。比如，我知道怎么样通过努力，而且善于动脑筋地去努力才能够达到自己预计的目标。因为不管怎么样打球，我曾经成功过，我知道这条路该怎样走，我也知道这条路的艰辛有多大。在通向成功这条路的过程当中困难永远会伴随着你，挑战永远会伴随着你。如果没有这些困难，没有这些挑战，当你得到成功的时候，你就不会那么激动。

“我在跟很多年轻人交流的时候，也经常被问到遇到困难我怎么办？遇到挑战的时候我怎么办？”邓亚萍说，其实我想跟大家分享我的心态。从我自己来看，从我们这个人生来讲，永远会伴随着困难，在不同的时期会有不同的困难，在不同的阶段会有不同的挑战。如果你老想着困难，它就会永远伴随着你。你不如反过来想，这些困难在我前进的过程当中是必然会遇到的，遇到就解决它，遇到就去分析困难点在什么地方？把它分析清楚以后，该怎么样去做就怎么样去做。这是一个心态的问题，不要被困难吓倒。

在这个过程当中，我读书的时候就已经知道，我将面对很多困难，因为我想拿到清华的本科学位，想拿到诺丁汉的硕士学位，拿到剑桥的博士学位。前面的经历对我来讲是至关重要的，虽然那时候没有读书，主要是打球，但是我觉得，每个人的人生经历对我们来说都是一笔宝贵的财富。就像我打球的过程当中，常常思考怎么样去把球打好，怎样让努力达到事半功倍的效果。

我们每天很公平，24小时每个人都一样，都要吃饭，睡觉。咱们有限的工作经历当中，无非就是白天这几个小时，您再辛苦一点，晚上加点班，无非也就是12个小时、14个小时。大家如果都是在这个过程当中，付出了这么多的努力，但凭什么你要比别人成绩好？那我们就要琢磨、总结，就是你有没有真正把你所有的工作时间用足，包括善于去提高你的效率，而且针对性的解决一些问题。我想，奥妙在于提高效率的问题。我在做运动员的时候，国家队一起训练，所有国家队的队员都是一样的训练条件。20个女队队员，还有几个男帮女的陪练，我们大部分时间是靠上午三个小时，和下午三个小时的训练。虽然我会更苦一点，训练完了以后多加一个小时的班，但是那只不过是多加一个小时，所以怎么样去发挥6个小时的作用，而不是1个小时的作用，那差别就大了。我们都在练习，但是我是全身心的投入，我训练的一些技战术针对性非常强，最后的比赛效果也会更好。

邓亚萍用自己当时学习英文的经历为例做了进一步说明，“那时候学英文，开始摸不着头脑，不知道应该多听点好，还是多背一点好。我这个人不适合死记硬背，一个词一个词的背我觉得很枯燥，对于我来讲也记不住。后来发现我耳朵好使，就是听力非常好，那我就要多听，听了以后，可能就记住这个单词的意思。我找到了学习方法以后，学习速度立马就提起来了。”

“怎么样转型，学习怎样有效提高？”邓亚萍说，看起来好像很难，我在11年的过程当中，共完成三个学位。第一，以前的经历没有白费，那是重要的财富和积累，我知道怎么样通过努力更具有时效性，怎么样战胜困难和挑战。第二，很重要的是怎么样来思考或者来总结，到底什么学习方式适合自己。这个需要自己去思考，别人帮不了你。当然，老师可以帮你去分析，但是更重要的是自己摸索，包括人生的道路也是一样的。

1. 你觉得邓亚萍退役后在新的领域取得成功的原因是什么？她的体育生涯对后来的人生有什么影响？

2. 怎样理解学习方法的作用？

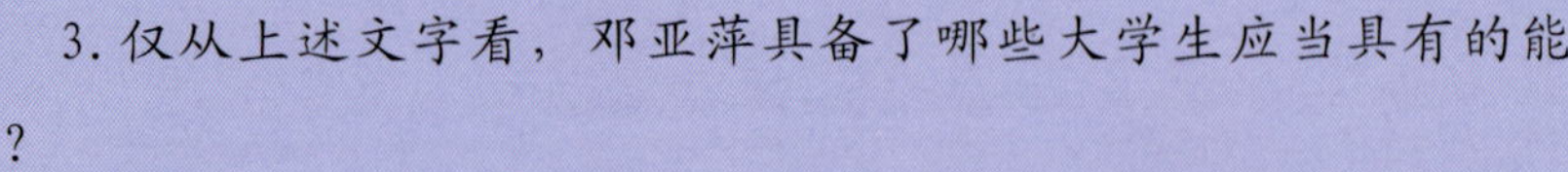

3. 仅从上述文字看，邓亚萍具备了哪些大学生应当具有的能力？

点评

邓亚萍在学业上及后来的成功，让很多人吃惊，这说明她不仅仅是一个会打乒乓球的运动员，更是一个意志品质过硬，综合素质过人的杰出人才。在邓亚萍身上，我们可以看到她敢于迎接挑战的精神，坚持到底的信念，也看到她在学习上巧学加勤学的灵活态度，人际交往方面的顺畅通达。总的来说，她是一个真正的综合素质优秀的人，是我们学习的生动教材。

12 案例

史蒂芬·斯皮尔伯格：刚刚毕业的国际大导演

以《外星人ET》响誉国际，并以《辛德勒的名单》及《拯救大兵瑞恩》获奥斯卡最佳导演的史蒂芬·斯皮尔伯格，当年在大三时毅然决定休学专心发展电影事业，拖了33年之久的毕业典礼终于如期举行。

史蒂芬·斯皮尔伯格1946年出生于俄亥俄州辛辛那提，1965年进入加州大学Long Beach分校就读，但只读到大三就休学专心发展电影事业。

离开校园之后，这位知名大导演对于未完成的学业仍然耿耿于怀，虽然没有回到学校上课，但仍以写报告、私下与教授讨论等方式，慢慢把该修的学分补足。念了33年之久的大学学位终于在最后获得。

“中央社”在报道中引述到，史蒂芬·斯皮尔伯格在一份声明中自嘲说，以33年的时间来补足学分，可以说创下他个人最长时间的“后制作计划”。

他表示，拖了这么多年他仍想把学位念完的主要原因，是要感谢当初父母给他受教育的机会，因此也才有如今的事业；此外，他也想对家族里的年轻一代做个榜样，让他们知道完成大学教育是很重要的，“我只希望他们别像我念这么久”。

加州大学分校表示，史蒂芬·斯皮尔伯格已经要求校方别把他当成贵宾看待，他既不愿意上台演讲，也不想坐在贵宾席，只希望和其他毕业生一样坐在台下。

1. 大学休学也能成为大导演，这说明了什么？通过斯皮尔伯格的例子，你怎样看待成才？

2. 已经成为大导演，还要把大学念完，斯皮尔伯格的理由你是怎么理解的？

3. 斯皮尔伯格身上有哪些优秀的品质？

成才的道路是多种多样的，不上大学固然也可以成才，但大学仍是促进普遍成才的重要途径。诸多名校的退学生最后取得成功的事例说明，大学似乎还无法做到完全意义上的因材施教，但从斯皮尔伯格等人最终还是要完成学位的事情上看，他们也十分清楚完全否定大学教育是不对的。

13 案例

格林尼亚：浪子回头的诺贝尔化学奖得主

格林尼亚，法国化学家，因发明格林尼亚试剂——有机镁试剂以及对有机化学的贡献，获1912年诺贝尔化学奖。

格林尼亚出生于法国瑟堡市一个有权有势的富豪之家，从小受到父母的娇宠溺爱，虽然非常聪明，却不思上进，反而结交了一帮纨绔子弟，整日里寻欢作乐。

格林尼亚19岁那年的一次舞会上，他被一位年轻美丽的小姐迷住了，他邀请这位小姐与他共舞。这位小姐对格林尼亚的劣迹早有耳闻，便拒绝了他。但格林尼亚仍纠缠不放。于是这位小姐毫不客气地说："走远点，我最讨厌被你这样的花花公子挡住视线。"

这番话使格林尼亚羞愧得无地自容，原来自己在他人心目中是这样的形象！他幡然悔悟，决心摆脱家庭的权势和那帮狐朋狗友，痛改前非。他离家出走了，给家里留下一封信："请不要打听我的下落，让我刻苦学习吧，我相信自己会创造出一些成就的。"

格林尼亚离家出走来到里昂，他本想入里昂大学就读，但是他从来就没有认真读过书，中、小学的学业荒废得太多了。格林尼亚只好一切从头开始，先把以前的功课补习一下。幸好有一个叫路易·波

尔韦的教授很同情他的遭遇，并了解到格林尼亚真心悔悟的决心，于是慷慨帮助他补习功课。经过老教授的精心辅导和他自己的刻苦努力，花了两年的时间，格林尼亚把耽误的功课补习完了。

此后格林尼亚进入里昂大学插班学习。他深知得到读书的机会来之不易，眼前只有一条路，就是努力、努力、再努力，发奋、发奋、再发奋。此时的格林尼亚勤奋好学，再加上天资聪颖，使他在许多问题上见解独到而精辟，很快他的学业就有了长足的进步。勤奋的学习和工作，使格林尼亚成为了一名杰出的化学家。在离家出走8年后，他发明了在化学领域有广泛用途的“格氏试剂”，并因此荣获了诺贝尔化学奖。此时，那位当年曾斥责格林尼亚的小姐于重病之中专门写信向他表示祝贺。信中写道：“我永远敬爱你。”

按今天的话说，青少年时代的格林尼亚确实是一个“问题少年”。但难能可贵的是，他有极强的自尊心，“知耻而后勇”，发奋努力，完成了脱胎换骨的转变，一雪前耻。

1. 格林尼亚为什么能和过去决裂？

2. 决定格林尼亚最终成功的，是他的哪种品质？

3. 一个离家出走的纨绔子弟，8年后却成为诺贝尔奖得主，这对我们有怎样的启示？

4. 格林尼亚离家出走的行为说明了什么？猜想一下他为什么要

选择这样极端的方式？

每个人心中都有成功的种子，问题是如何让它发芽；每个人心中都沉睡着伟大的灵魂，问题是如何让他醒来。

14 案例

贾埃弗：从物理蹩脚生到诺贝尔物理学奖获得者

贾埃弗（1929— ）挪威裔美国物理学家，因发现超导体中的“隧道效应”获得1973年诺贝尔物理学奖。

1973年10月，当贾埃弗荣获该年度诺贝尔物理学奖的消息传到了他的祖国挪威时，挪威首都奥斯陆的报纸上以醒目的大标题报道：“台球和桥牌的高手、物理学的蹩脚生，荣获今年的诺贝尔物理学奖”。

贾埃弗在获奖演说中说：“这篇文章说的是我在特隆赫姆上学时的事。我不得不承认，这篇报道有一定的准确性，因此我不打算‘翻案’。”

小学、中学学习成绩一向优异的贾埃弗考入了位于挪威中部的重要港口城市特隆赫姆的挪威技术学院。当时的挪威大学制度是入学非常难，但一旦考入大学，一般都会顺利地毕业。也许是大学毕业太容易了，也许是从小学到高中一直学习很紧张，总之，贾埃弗进入大学后那紧绷了11年的神经一下子松懈了下来，学习也不那么用功了。

在大学里，贾埃弗把大量的精力花在了“玩”上，特别是体育运动。早在少年时代，他就非常喜爱体育运动。他像许多挪威人一样，是雪上运动的爱好者，尤其是惊险而又刺激的高山速降和跳台滑雪，更是一把好手。中学时，每次学校的冬季运动会，他在这两个项目上总是能拿到好名次。在非冬季运动项目中，他最喜欢的是越野长跑。长期的锻炼，使他身材修长匀称，体格强健。

特隆赫姆紧邻斯堪地纳维亚山脉，滑雪条件得天独厚。在这里，贾埃弗可以充分地施展他的滑雪天赋。后来，他又迷上了台球和桥牌，经常和三五个同学或好友，一玩就是通宵达旦。这段时间，贾埃弗的台球和桥牌技艺大有长进，而学习成绩却与之形成鲜明的反差。正像后来报纸上所说的那样，有几次他的物理课考试差点不及格。其实，成绩不好的还不只是物理学。他有好几门课程都是勉强过关的。

尽管如此，贾埃弗还是顺利地从大学毕业了。1954年，婚后的贾埃弗携妻移居加拿大，在位于彼得伯勒市的美国通用电气公司加拿大分公司任机械工程师。两年后，他又来到美国纽约州的斯克内克塔市，任通用电气公司应用数学研究员。这期间，贾埃弗在工作中遇到了许多技术难题，有些还涉及基础科学方面的问题，他感到自己的知识太不够用了。“书到用时方恨少”，他后悔自己在大学时代没有努力学习，打好基础。于是，他报名参加了通用公司的专业培训。他意识到这可能是自己最后的机会了，便开始了真正地刻苦学习。

公司的培训侧重于工程学和应用数学等方面，贾埃弗感到自己在基础知识和前沿科学领域还需要学习更多的东西。到美国后，他又上了位于特罗伊市的伦塞勒工业学院开办的夜大，学习本科的物理学专业。这段时间，贾埃弗十分辛苦。白天在彼得伯勒的公司实验室里工作，晚上驱车赶往特罗伊市上夜校，回到家中还要接着学习到深夜，第二天一早还要去上班。他经常是一天只睡四五个小时的觉。这时，他那经过多年体育运动而炼就的强健体魄发挥了作用，支撑着他完成了繁重的工作和学习任务。两年后，他从夜大毕业，又继续攻读量子物理学的研究生。

刻苦的学习，使贾埃弗打下了坚实的知识基础，并把学到的知识迅速运用到研究工作中。后来，他发现了超导体中的“隧道效应”，并运用量子力学的原理成功地加以解释。几年后，他因此项成果荣获诺贝尔物理学奖。

1. 贾埃弗为什么会在大学期间放弃努力学习？贾埃弗后来又为什么会努力学习？

2. 猜测一下，贾埃弗身上有哪些成功的特质？这些特质是怎样习得的？

3. 贾埃弗在工作之后所学到的哪些东西本来应当在大学完成？

4. 如果贾埃弗在大学努力用功，结果会怎样？

如果人们在知道自己最需要什么后再开始学习，似乎是最好的，但学习的过程恰恰与此相反。这似乎也在另一个角度说明，只有

全面的素质提高才更有利于发现并实现人生的最高目标。贾埃弗是幸运的，因为他毕竟找到了自己的人生追求，可太多的人在悠闲的大学生活后，或是找不到人生的目标，或是再也无力实现它了。

成长笔记

做决定以及利用个人潜能——也就是持之以恒的能力，是改变你生命的要素。

——安东尼·罗宾斯（世界顶级潜能激发大师）

成长笔记

当我开始真正爱自己的时候，我才明白，我其实一直都在正确的时间和正确的地方，发生的一切都是对的。

——卓别林

成长笔记

学习外语就像交朋友一样，朋友是越交越熟的，天天见面，朋友之间就亲密无间了。

成长笔记

天无绝人之路，如果你坚持承诺。

——安东尼·罗宾斯

成长笔记

成长笔记

书籍是全世界的营养品，生活里没有书籍，就好像大地没有阳光；智慧里没有书籍，就好像鸟儿没有翅膀。

——莎士比亚

成长笔记

当你提出困难时，请你提出解决方法，然后告诉我那个解决方法最好。

——李嘉诚

成长笔记

生命的最佳句点不是知识而是行动。

——汤马斯·亨利贸斯利

成长笔记

遇到困难和问题，我们应该学会改变思路。思路一转变，原来那些难以解决的困难和问题，就会迎刃而解。

——洛克菲勒

成长笔记

在工作中，每个人都应该发挥自己最大的潜能，努力地工作而不是浪费时间寻找借口。要知道，公司安排你这个职位，是为了解决问题，而不是听你关于困难的长篇累赘的分析。

——杰克·韦尔奇

成长笔记

如果没有成为顶尖的渴望，就不可能创造卓越的成就，那种渴望可能是——一个艺术家、运动员、科学家、一个平凡的父母或是一个生意人的抱负。

——安东尼·罗宾斯

成长笔记

如果你有很强的责任感，能够接受别人不愿意接受的工作，并且从中体会出辛劳和乐趣，那你就能够克服困难，达到他人无法达到的境界，并得到应有的回报。

——比尔·盖茨

成长笔记

感情有自己的理智。

成长笔记

内心是一个独立的小小世界，在这里地狱可变成天堂，天堂也可能变成地狱。

——密尔顿

成长笔记

清晨的阳光不算温暖，瞬息的安逸不算幸福。

——蒙古谚语

成长笔记

成长笔记

你若要喜爱你自己的价值，你就得给世界创造价值。

——歌德

成长笔记

先相信你自己，然后别人才会相信你。

——屠格涅夫

成长笔记

人生的价值，并不是用时间，而是用深度去衡量的。

——列夫·托尔斯泰

成长笔记

成长笔记

一个人的价值，应该看他贡献什么，而不应当看他取得什么。

——爱因斯坦

成长笔记

人只有献身于社会，才能找出那短暂而有风险的生命的意义。

——爱因斯坦

成长笔记

芸芸众生，孰不爱生？爱生之极，进而爱群。

——秋瑾

成长笔记

生活真像一杯浓酒，不经三番五次地提炼，就不会这样可口！

——郭小川

成长笔记

沉沉的黑夜都是白天的前奏。

——郭小川

成长笔记

当一个人用工作去迎接光明，光明很快就会来照耀着他。

——冯学峰